U0745662

北京市中职学校
安全管理通则

主　编　段福生　张树刚
副主编　张养忠　李成文　高　飞

电子工业出版社
Publishing House of Electronics Industry
北京·BEIJING

内 容 简 介

本书分为总则和分则两大部分。总则的内容为学校安全风险防控体系，分则的内容为学校安全管理规范。

学校安全风险防控体系是指学校针对有可能发生的安全事故采取的所有预防、应急和恢复措施，以及按照一定逻辑和联系形成的工作体系，包括学校安全风险预防、学校安全风险管控和学校安全风险化解三个子体系。学校安全管理规范从人、物、环境、管理四个维度梳理学校安全管理制度，包括学校安全管理篇，学生、教职工篇，以及学校设备设施篇三个部分。

本书基本覆盖学校在各个领域的安全工作，内容丰富，指导性强。每项安全工作的流程均包含事前预防、日常监管、应急处置三个环节，措施明确、具体，科学性、可操作性强，适用于北京市各类中等职业学校。

未经许可，不得以任何方式复制或抄袭本书之部分或全部内容。
版权所有，侵权必究。

图书在版编目（CIP）数据

北京市中职学校安全管理通则 / 段福生，张树刚主编. —北京：电子工业出版社，2024.4

ISBN 978-7-121-47449-1

Ⅰ. ①北… Ⅱ. ①段… ②张… Ⅲ. ①中等专业学校－学校管理－安全管理－北京 Ⅳ. ①G637.4

中国国家版本馆 CIP 数据核字（2024）第 051785 号

责任编辑：郑小燕
印　　刷：北京天宇星印刷厂
装　　订：北京天宇星印刷厂
出版发行：电子工业出版社
　　　　　北京市海淀区万寿路 173 信箱　　　邮编：100036
开　　本：880×1230　　1/32　　印张：5.125　　字数：125 千字
版　　次：2024 年 4 月第 1 版
印　　次：2024 年 11 月第 6 次印刷
定　　价：45.00 元

凡所购买电子工业出版社图书有缺损问题，请向购买书店调换。若书店售缺，请与本社发行部联系，联系及邮购电话：（010）88254888，88258888。

质量投诉请发邮件至 zlts@phei.com.cn，盗版侵权举报请发邮件至 dbqq@phei.com.cn。

本书咨询联系方式：（010）88254550，zhengxy@phei.com.cn。

《北京市中职学校安全管理通则》
编委会

◎ **主　编**　段福生　张树刚

◎ **副主编**　张养忠　李成文　高　飞

◎ **编　者**（按姓氏笔画排序）

丁云鹏　王　帅　王　亮　王　越

王飞跃　李　晨　肖　亮　谷长志

张　晗　武　晔　周林娥　郑　锦

郑艳秋　赵东生　姜　丽　贾光宏

徐　唯　高　文

◎ **指导专家**　李　雯　周　玲　谢志东　潘　皓

序言

党的二十大报告强调"国家安全是民族复兴的根基，社会稳定是国家强盛的前提"，为做好新时代安全工作指明了前进方向、提供了根本遵循。校园安全问题，关乎亿万家庭的幸福安宁，关乎社会大局的和谐稳定。做好学校安全工作，为广大师生创造良好的教学、科研和生活环境，对于保证青少年学生的健康成长和维护社会稳定至关重要，对于教育强国建设具有重要意义。校园安全事故一旦发生，就是血和泪的教训，是一个家庭无法承受的生命之重，也是学校难以承受的管理之痛，校园安全是不得不守的底线，也是每所学校高质量发展的前提。确保师生生命健康、校园安全，是教育系统的头等大事，学校只有长存忧患意识，持续改进安全管理，针对涉及师生生命安全的工作环节，强化风险研判，才能有效避免安全事故的发生。

2022 年 5 月，《中华人民共和国职业教育法》开始实施，确定了"职业教育是与普通教育具有同等重要地位的教育类型"。与普通中小学相比，中等职业学校的安全工作更加繁重。一方面学情特点造成安全工作庞杂细碎，另一方面中等职业学校与社会接触面宽，造成安全风险复杂多变。此书出版之前，市面上较少有可以指导中等职业学校开展安全工作的具体范本指南书，《北京市中职学校安全管理通则》可以说弥补了这一欠缺，满足了众多中等职业学校在安全管理、安全实践、安全防控等诸多方面的指导需要。本书深入总结和充分吸纳了北京市中职学校的安全管理经验和创新实践，在校园安全理论研究层面也提供了宝贵的一线实际材料。

　　本书作者均有长期的安全管理实践经历和丰富的中职学校安全管理经验，从实际问题出发，指导制定校园安全举措，充分体现了职业教育类型特点、中职的阶段特征和中职学生的年龄特点，凸显了中职学校的安全管理特色。特别值得一提的是，本书突破了传统的校园安全管理观念，将意识形态、师德师风等问题纳入校园安全管理范畴，体现了新时代安全工作的新要求，展现了北京市中职学校安全管理守正创新、与时俱进的良好面貌。从这个维度看，本书也为全国中职学校开展安全管理提供了方法论。

　　本书的出版不仅为广大的中职学校乃至普通中小学提供安全工作的参考和借鉴，也再次呼吁全社会关注、关心校园安全。近年来，每次发生校园安全事故，都让广大人民群众感到无比痛心。"每一起严重事故的背后，必然有 29 次轻微事故和 300 起未遂先兆以及 1000 起事故隐患。"海恩法则提醒我们，事故的发生必然是以往的不安全行为积累到一定程度的结果。同时，在实际操作层面，再完备的技术和规章制度都无法取代人的素质和责任心。祸患常积于忽微，麻痹大意是最大的安全隐患。所以希望此书能唤起学校乃至全社会对于校园安全的更加重视，避免悲剧的发生。

　　心中有牵挂，脚下才能有行动。校园安全问题容不得半点儿马虎大意，要推动安全防控工作体系中的每一个层面、每一个环节、每一个人都能高效运转，形成工作闭环，让校园成为最阳光、最安全的地方。让我们共同努力，全面加强和改进学校安全管理，为学生的成长保驾护航，为守护平安中国贡献北京中职力量。

教育部基础教育教学指导委员会安全教育指导专业委员会主任
中国教育学会中小学安全教育与安全管理专业委员会理事长
北京教育学院 教授
李雯
2024 年 3 月，北京

前言

安全是发展的前提，要把安全工作摆在各级各类学校高质量发展更加突出的位置，中职学校由于教育类型等特点，其安全工作的重要性尤为凸显。为加强北京市中职学校的安全工作，进一步促进安全规范化管理，提升学校安全治理能力和治理水平，防范重大安全风险，维护正常的教育教学秩序，保障师生的生命财产安全，推动北京市职业教育可持续、高质量发展，我们编写了《北京市中职学校安全管理通则》（以下简称《通则》）。

《通则》以习近平新时代中国特色社会主义思想为指导，按照党中央、国务院关于学校安全工作的决策部署，遵循师生为本、安全第一、生命至上的宗旨，突破传统校园安全概念，构建"大安全"框架，将校园安全工作贯穿教育教学管理全过程、各方面，从安全风险预防、管控、化解三方面阐述校园安全工作。在具体内容上，我们以《中小学幼儿园安全管理办法》和《北京市中小学校幼儿园安全管理规定（试行）》等文件为依据，结合中职学校特点，将中职学校多年来安全管理工作的经验进行总结、提炼，最终编写成册。全书分为总则、分则和附录三大部分，涵盖了学校的安全风险防控体系及安全管理规范各项安全工作的具体内容，同时提供了突发安全事件总体预案和安全隐患排查台账样例。

《通则》的编写结合中职学校的工作实际，以北京市昌平职业学校安全工作的实践做法为主，吸收了北京市其他部分中职学校的工作经验，从职业教育的类型特征、中职教育的阶段特性、学生的年龄特点、校园及社会环境综合考虑，体现中职学校的安全管理特色。在构思上跳出以"规定"抓安全的管理模式，以中职校园安全风险防控和安全治理能力建设为重点，既包括上级文件的落实情况，又具备独立事项的完整管理规范，使内容更具指导性、操作性，力求成为中职学校安全管理干部的"案头书"，为中职学校安全管理干部和相应管理人员开展安全管理工作提供一套全面、系统的指导方案。

《通则》的附录给出了《中职学校突发安全事件总体预案》和中职学校安全隐患排查台账样例，供中职学校借鉴参考。

在《通则》编写过程中，得到了北京市各中职学校的支持，北京市丰台区职业教育中心学校郭立娜、刘大海，北京铁路电气化学校王志强，北京新城职业学校焦兴利，北京市昌平卫生学校景奇鹏等同志对本书的编写提出了宝贵意见，在此表示感谢。

《通则》涉及中职学校安全管理的多个方面，难免有不足之处，诚请广大读者指正。

编者

目录

总则 学校安全风险防控体系 ……………………………………… 1

第一节　学校安全风险预防 …………………………………… 1

一、学校安全宣传教育 ………………………………… 1

二、学校安全防范措施 ………………………………… 3

三、学校安全风险评估 ………………………………… 7

第二节　学校安全风险管控 …………………………………… 8

一、学校安全管理责任 ………………………………… 8

二、学校安全管理制度 ………………………………… 9

三、学校应急管理体系 ………………………………… 10

第三节　学校安全风险化解 …………………………………… 11

一、建立学校安全风险化解机制 ……………………… 11

二、加强学校风险隐患治理 …………………………… 12

三、坚持依法处理校园事故 …………………………… 13

分则 学校安全管理规范 ……………………………………… 14

第一节　学校安全管理篇 ……………………………………… 14

一、多校区管理 ………………………………………… 14

二、校门出入安全 ……………………………………… 17

三、消防安全 …………………………………………… 21

四、交通安全 …………………………………………… 28

五、法治安全 …………………………………………… 33

六、食品卫生安全 ……………………………………… 37

七、公共卫生安全 ……………………………………… 40

八、网络与信息安全 …………………………………… 45

九、驻校合作企业安全 ………………………………… 51

十、财务安全 …………………………………………… 53

十一、极端天气安全 …………………………………… 57

第二节　学生、教职工篇 ……………………………… 60

一、课堂教学安全管理 ………………………………… 60

二、课余时间安全管理 ………………………………… 65

三、体育运动安全管理 ………………………………… 69

四、岗位实习安全管理 ………………………………… 73

五、重点学生管理 ……………………………………… 79

六、师德师风管理 ……………………………………… 87

七、大型集体活动安全 ………………………………… 89

八、预防学生欺凌 ……………………………………… 94

九、家校共育 …………………………………………… 97

第三节　学校设备设施篇 ……………………………… 103

一、基础设施安全 ……………………………………… 103

二、特种设备安全 ……………………………………… 107

三、危险化学品管理安全 ……………………………… 112

附录A　《中职学校突发安全事件总体预案》 ………… 115

附录B　中职学校安全隐患排查台账样例 ……………… 149

为贯彻落实《北京市"十四五"时期教育改革和发展规划（2021—2025 年)》，努力践行"十四五"时期更高水平平安校园建设工作，依据《国务院办公厅关于加强中小学幼儿园安全风险防控体系建设的意见》《中小学幼儿园安全管理办法》《北京市中小学校幼儿园安全管理规定（试行)》等文件的有关要求，结合中等职业学校安全管理的特点，促使学校安全得到规范化管理，维护正常的教育教学秩序，保障学生和教职工的生命财产安全，特编写本《通则》。

总则　学校安全风险防控体系

第一节　学校安全风险预防

一、学校安全宣传教育

学校应加强安全宣传教育的针对性和实效性，通过课堂教学、班会、主题实践活动、网络媒体、宣传栏等，全面提升师生和监护人的安全素养，打牢"心防"基础。

（一）开设安全教育课程

将安全教育作为重要教学内容，根据不同年级学生的生理特点、心理特点、接受能力，以及可能遇到的安全风险，增强安全宣传教育的针对性和实效性。

（二）集中开展安全教育

学校在开学初、放假前，应有针对性地对学生集中开展安全教育；每年在新生入学后，开展新生入学安全教育，帮助新生及时了解学校安全管理制度的规定。

（三）完成基本安全知识与技能的普及任务

学校应通过渐进式的安全教育，完成对学生的基本安全知识与技能的普及任务，确保学生掌握基本安全知识和自救互救技能，具有避险逃生的能力。

（四）开展实验实训安全教育

学校应针对不同学科、不同专业实验课的特点与要求，对学生进行实验实训用品的防毒、防爆、防辐射、防污染等安全防护教育。

（五）加强安全防范宣传教育

学校应重点针对消防安全、治安安全、食品安全、实习实训、交通安全、用电安全、用火安全和防溺水、防踩踏、防侵害、防暴恐袭击、防黑恶势力渗透、防极端天气、防自然灾害等，宣传可能造成伤害的安全威胁，使学生掌握基本防范技能，具有自救、互救、逃生的能力。

（六）加强安全宣传教育体验

有条件的学校可建设专门的安全宣传教育体验教室，配备多个主题的安全体验设备设施，组织学生开展体验式学习，增强安全教育的实效。

（七）充分利用社会安全教育资源

学校应充分利用政府、社会、高校、企事业单位等的公共安全教育基地、博物馆、体验馆等资源，组织学生开展参观、宣传教育和实训体验活动。

（八）定期组织开展各类突发事件应急演练

学校应每月开展一次应急疏散演练。

（九）加强教职工安全教育培训

学校应将教职工安全教育培训纳入年度工作计划，每年定期组织开展岗位安全教育培训，将岗位安全教育培训纳入继续教育内容；对新入职教师进行岗前安全教育培训；定期组织保安员开展安全保卫和应急处置专业训练；提高教职工指导学生预防事故发生、自救、逃生、紧急避险的能力。

（十）组织开展应急救援进校园活动

学校应结合本校情况组织开展应急救援进校园活动，帮助师生掌握初级应急救援的知识和技能。

（十一）开展家校安全共育

学校应引导家长履行监护人义务，对孩子开展家庭安全教育和遵纪守法教育，关心关注孩子的身心健康，配合学校的安全教育和日常管理工作。

二、学校安全防范措施

（一）安全防范要求

学校安全防范应以保障学生和教职工的人身安全为主要目标，坚持人防、物防、技防相结合的原则，按照常态防范与非常态防范的要求，落实各项安全防范措施。

（二）人防建设

人防建设是中职学校安全防范的核心，是构建平安校园的保障。学校应按标准配备专职安全管理干部、专职保安员、宿舍管理员、专兼职安全员等，建立以教职工为主的护校、消防、抢险救援、疏散、后勤保障、舆情应对等专兼职队伍，保障重点功能空间有专人值守，并建立安全管理档案。

（1）专职安全管理干部。学校应按照学生和教职工的总人数，每 800 人至少配备 1 名专职安全管理干部，并保证专职安全管理干部的待遇。专职安全管理干部具体负责安全检查、安全教育、应急处置、综合防控及周边环境治理等学校日常安全管理工作。

（2）专职保安员。学校应按照学生和教职工的总人数，每 1000 人至少配备 6 名专职保安员。无寄宿学生的学校，每 1000 人至少配备 8 名专职保安员，每增加 500 人，至少增配 1 名专职保安员；有寄宿学生的学校，每增加 300 人，至少增配 1 名专职保安员。专职保安员负责在校门口 24 小时值守，做好车辆、人员进出登记，防止未经许可人员进入校园。在上下学时段，凡是有人员、车辆进出的出入口，专职保安员应在岗值守，维护人员、车辆的出入秩序，做好查验工作。同时，专职保安员还要做好校园巡查、处置突发事件等工作。

（3）宿舍管理员。寄宿制学校的宿舍楼应设有宿舍管理员，女生宿舍的宿舍管理员必须为女性。宿舍管理员每天夜间进行不少于两次的巡查。此外，宿舍管理员还要做好学生请假、离宿、违规等记录。

（4）专兼职安全员。

① 教师兼职安全员：学校各部门应安排一名教师兼职安全员，协助部门负责人落实学校部署的各项安全管理工作。

② 学生兼职安全员：各班级可安排一名学生兼职安全员，协助班主任做好安全教育和防范工作。

（5）安防监控室管理员。学校应配备安防监控室管理员，其 24

小时值守，详细记录当值期间的工作情况，与当值管理人员保持密切联系；密切注视监控、消防等设备的工作情况，随时掌握监控区域的动态情况，发现问题按程序或安全预案处置。

（6）值班人员。每天值班人员应加强早晨上课前、中午、下午下课后及课间时段的校园巡视，对教室、实训（实验）室、体育场（馆）、配电房等重点部位加强巡查、巡视。学校应安排带班领导和值班人员共同值守校园，加强巡查，及时排查、纠正、解决在巡查中发现的各种问题和安全隐患。

（7）校园安全联防队。学校各部门应按教师数量的一定比例选派人员组成校园安全联防队，其主要负责校园及周边的安全检查和治安巡视，及时制止师生各类违规违纪行为，维护校园和师生安全。

（三）技防建设

技防的目的是预防、控制和减少校园安全事件，提高学校处置突发事件的应急指挥能力，最大限度地减少意外事故给学校师生造成的影响和损失，切实保护师生的人身财产安全。学校要按照有关安全技术防范系统的要求，积极推动新技术、新手段在校园安全防范中的应用，建立健全智慧校园安全防范平台，并根据新技术不断地加强和改进安全管理工作。

（1）视频监控系统。在校门口，教学楼、学生宿舍楼、礼堂等主要场所的出入口、走廊，以及食堂操作间、主副食库、危化品储存室、实训（实验）室等重要区域安装视频监控系统，确保其能清楚辨别人员的体貌特征和车辆的车牌号。

（2）入侵警报装置。危化品储存室、贵重物品存放室、实训（实验）室等区域应安装入侵警报装置。入侵警报装置布防、撤防、报警、故障等信息的保存时间不少于 30 日，出入口记录保存时间不少于 180 天。入侵警报装置发出的报警信号应传送至校园安防监控室。

（3）校园安防监控室。按国家规定学校应在校园安防监控室配置安防通信工具，安装广播装置，并接入校园广播系统，用于突发事件时的人员疏散及应急指挥。

（4）人脸识别系统。人脸识别系统通过摄像头收集人脸图像，依据系统算法采集人脸特征，存储在人脸特征数据库中。当有人员通行时，摄像头会获取人员的脸部图像，将之与后台庞大的人脸模板数据库对比，确认人员的身份信息，主动识别危险人员，把关校园安防第一步。有条件的学校可在校门口安装人脸识别系统，防止未经许可人员出入校园。

（5）突发事件一键报警系统。有条件的学校可在校园安防监控室搭建一套突发事件一键报警系统，安装一键式联网报警器，报警器将产生的应急报警警情传输到应急接警管理平台中心，由应急接警管理平台中心对警情进行即时处理。

（四）物防建设

学校应按标准配备消防、治安、交通等设备设施，安排专人对这些设备设施进行定期检查，对其发现的设备损坏、故障、缺失等情况落实整改，并建立台账。

（1）学校应设置高度不低于 2 米的围墙或其他实体屏障，实行封闭式管理。学校应在校门口设置门卫值班室，配备必要的防卫性器械和报警、通信设备，并建立使用保管制度。

（2）门卫值班室按执勤人数配备以下防卫器械：防暴头盔、防护盾牌、防刺背心、防割手套、橡胶警棍、强光电筒、自卫喷雾器、安全钢叉等。

（3）视频监控室、财务室、实训（实验）室、计算机室等贵重物品和设备存放点，档案室、试卷保管室等保密资料存放点，有毒、有害、易燃易爆等危险品存放场所的出入口要安装符合相关技术标准的防盗安全门，窗户应安装防护栏等防护设施。

（4）水、电、气、热等设备间应安装相应的物防设施，指定专人负责看管。

（5）教学楼、学生宿舍楼、食堂、实训（实验）室、图书馆等学生集中学习和生活的场所，应按国家有关消防技术规范配置消防设施、消防器材，定期检测更新，保持完好有效。安全出口、疏散通道、消防通道应按规定设置消防疏散指示标志和安装应急照明装置。学生宿舍楼应安装火灾自动报警系统或点式火灾报警探测器，在易发生危险的地方设置警示标志或防护设施。

（6）校门口应设置防冲撞隔离设施，校内应设置安全警示牌、交通标志、人行设施、分隔设施和减速带等。

三、学校安全风险评估

（一）组织校园风险评估

学校应建立安全风险评估预防制度，定期组织开展安全风险评估，针对风险清单定期汇总、分析校园存在的安全风险，确定整改措施和时限；明确风险化解的责任人，有针对性地开展专项演练、预防和转移安全风险等工作，在出现可能影响校园安全的风险时，第一时间予以防范；对于本单位无力解决、需要上级主管部门处理的安全风险，要采取临时处置措施，并及时报上级主管部门。

（二）开展安全隐患排查

学校应结合安全风险评估报告，对校园内发生事故的可能性和严重性较大的风险点位，进行常态化隐患排查工作，建立安全隐患台账，及时消除安全隐患；对无力解决或无法排除的重大安全隐患，及时报告上级主管部门或其他有权管理的单位，并采取有效措施，做好安全防范。

第二节　学校安全风险管控

一、学校安全管理责任

（一）校园安全责任制

中职学校安全管理应坚持以人为本、生命至上、安全第一，全面落实安全管理主体责任，将安全工作纳入学校总体规划和首要任务，建立安全工作组织领导机构，以及统一领导、分工负责、齐抓共管、群防群治的学校安全管理工作机制。

（二）安全工作组织领导机构

（1）学校安全工作实行校长负责制，校长直接主管学校安全工作，一名校级干部协助校长处理学校安全工作；其余校级领导牵头负责分管部门、分管工作及人员的安全管理。

（2）建立以校长为组长、其他校级领导为成员的学校安全工作领导小组，该小组全面贯彻落实上级关于校园安全工作的决策部署，研究学校安全工作的重要问题，研究审议学校安全工作的重大决策和建议等。

（3）学校设立安全管理部门，安全管理部门统筹负责学校日常安全管理工作，督促落实各岗位的安全管理职责，按照相关规定配备专职安全管理干部。

（三）制定岗位安全职责

学校根据"管业务必须管安全、管部门必须管安全"的安全管理责任体系，将安全职责层层分解，根据各岗位的安全职责，与每位教职工签订岗位安全责任书。

（1）学校结合岗位设置，明确校级干部、部门负责人及全校教育教学行政后勤岗位的安全管理职责，建立覆盖全体教职工的安全管理责任体系。

（2）学校根据各部门的地理位置划分安全责任区，各部门再将区域内的办公室、实训（实验）室、教室、储藏室、卫生间、楼道、公共区域、设备设施进行分配，细化到本部门的每位教职工，落实责任到人。教职工是自身工作和分管区域安全的责任人。

（3）根据岗位职责制定岗位安全责任书，落实安全主体责任，通过校级领导—部门负责人—部门教师，层层签订岗位安全责任书，层层传导压力，层层压实责任，完善"横向到边、纵向到底"的安全管理责任体系。

二、学校安全管理制度

（一）加强安全管理制度的建设

中职学校应结合安全工作的实际情况，依法依规建立以岗位责任制为基础、全覆盖的安全管理制度，从综合管理、人员管理、设备设施管理和校园环境管理四方面进行安全管理制度的建设。

（二）抓好安全管理制度的落实

在日常安全管理工作中，学校应注重各项制度的衔接，增强安全管理制度的针对性和实用性，通过检查表、值班表、台账、巡查记录、人员档案等文件反馈安全管理制度的落实情况，对未落实的情况及时整改、反馈。

（三）修订安全管理制度的内容

根据新的形势要求，学校应积极领会上级文件指示精神，结合校园中出现人员的不安全行为、设备设施的不安全状态、环境的不安全条件，以及日常管理中出现的漏洞，及时修订安全管理制度中的依据、责任人、管理措施。

三、学校应急管理体系

（一）应急预案管理

学校应按照以人为本、生命至上、分级管理、属地为主的原则，结合校园安全工作情况，制定完善的各级各类安全突发事件的应急预案，增强应急预案的科学性、专业性和可操作性；加强应急预案的宣传教育培训，使应急预案的知晓范围覆盖全体学生和教职工，定期组织开展预案推演。

（二）应急处置机制建设

学校应积极建立与属地街道（乡镇）、相关部门、区政府相衔接的安全突发事件应急处置机制，明确校园安全突发事件的应急职责，规范校园安全突发事件的应急程序，细化保障措施，完善应急工作体系；加强校园安全突发事件处置机构、应急队伍及其应急保障能力的建设。

（三）应急疏散演练

学校要严格落实《中小学幼儿园应急疏散演练指南》，每月至少开展一次应急疏散演练，结合上操熟悉疏散路线，做好应急疏散演练的计划、准备、实施、评估、总结和改进等各方面的工作；通过应急疏散演练，发现和解决应急工作中存在的问题，熟练应急工作的指挥机制和决策、协调、处置程序，锻炼和检验应急队伍的快速反应能力，提高部门之间的协调配合和现场处置能力，检验应急预案的可行性，并不断完善。

（四）信息报送和舆情处置

学校应建立安全突发事件信息报送制度，遇有安全突发事件，按规定第一时间上报，上报的内容包括时间、地点、信息来源、事件性质、危害程度、事件发展趋势、已采取措施等，杜绝瞒报、谎报、漏报、迟报；建立新闻发言人制度和安全突发事件网络舆情管理制度，完善网络舆情预判预警和危机处理机制，加强网络舆情监控，及时发布相关信息，加强正面引导，回应社会关切。

第三节　学校安全风险化解

一、建立学校安全风险化解机制

（一）安全突发事件应对机制

学校在遭遇安全突发事件时，应第一时间启动应急预案，开展现场救援和救治工作，并立即上报区教委。根据事件类型，学校应第一时间通知交通、治安、卫生健康、应急管理、消防救援、辖区街道等相关部门，及时启动事故调查、善后处置和责任认定等工作程序。

（二）安全风险分担机制

学校应按规定投保校方责任保险及附加无过失责任保险，结合中职学校学生的实际情况，合理规划与学生利益密切相关的食品安全、校外实习、体育运动伤害等领域的责任保险，充分发挥保险在化解学校安全风险方面的作用。此外，学校还应增强师生及家长的责任意识、风险防范意识和保险意识。

（三）安全事故追究与处理机制

学校安全岗位负责人对安全宣传教育、隐患排查整改、管理制度不落实或落实不到位，要进行事前问责；因安全责任不落实或落实不到位，造成突发安全事件的，要进行事后追责。对直接责任人给予批评教育或行政处分，构成犯罪的，依法追究刑事责任。

二、加强学校风险隐患治理

（一）校园周边综合环境治理

加强对校园周边的防控，发挥校园及周边治安综合治理专项组统筹协调的作用，及时发现问题，掌握工作的主动性，第一时间开展预防，及时化解风险，防止发生安全事故，维护学校正常的教育教学秩序。

（1）学校应与属地公安、综合治理等部门建立联动会商机制，建立校园及周边治安形势研判、信息互通共享、联动应急处置工作机制。

（2）学校应加强涉校矛盾、问题、隐患的排查化解。

（3）学校应加强反恐防暴和应急处突能力建设。

（4）学校应及时梳理校园周边情况并建立台账，向上级主管部门和属地公安、综合治理部门反映，并提出治理需求。

（5）学校应加强门前停车管理，校园门前 100 米（校门两侧各 50 米）内禁止停放机动车。

（二）学生欺凌和暴力防治

中职学校应根据学生的年龄特点和交往方式，加强预防欺凌和暴力的宣传教育，每学期至少开展一次学生关系调查，公布学生欺凌与暴力举报电话。学校相关部门应建立欺凌与暴力认定处置程序，加强对欺凌和暴力事件的舆情监测引导。

（三）开展扫黑除恶活动

学校应开展常态化扫黑除恶活动，制定工作方案，建立健全常态化工作机制，每季度开展线索排查，及时了解师生、家长的社会关系动向，公开扫黑除恶举报电话，发现黑恶苗头，及时研判、报告、转递。

三、坚持依法处理校园事故

（一）设置法治副校长

学校应设置法治副校长。法治副校长应充分发挥其教育作用，定期为师生开展法治宣传教育，协助解决学校及周边涉校安全问题，联合心理专家对有不良行为的学生开展教育转化工作。

（二）依法处置事故

对于学生伤害事故，学校应当遵循依法依规、客观公正、合理适当的原则，及时、妥善地处理。在事故发生后，学校应协调有关部门、学生监护人保护学生的生命安全，全力救治，尽可能避免和减少次生危害。

（三）依法解决纠纷

学校应坚持用法律途径和手段解决纠纷，依法及时、公正、规范地处理纠纷；积极采用行政调解、仲裁、人民调解、保险理赔、法律援助等方式处理问题，及时依法赔偿，理性化纠纷。

分则　学校安全管理规范

第一节　学校安全管理篇

一、多校区管理

领导机构一体化

第一条　实施集权型安全工作管理模式。校本部安全管理职能部门对各校区实施纵向管理的工作模式，其安全管理职能直接延伸至各校区，实施以延伸管理为主、以属地管理为辅的安全工作管理模式。

第二条　建立校园安全管理机构，明确职责，协助校领导进行安全管理，保障校园安全。学校应成立校园安全管理领导小组，该小组由校长任组长，由分管副校长任副组长，由总务处、教导处等各部门负责人任组员。

第三条　校园安全管理领导小组下设的应急小组包括指挥组、保卫组、现场处置组、现场救护组、后勤保障组、事故调查组等，各组根据事故实际情况，启动工作。

第四条　实行安全保卫工作岗位责任制。学校应将安全目标、安全责任、安全措施落实到年级、班级和个人，明确分工，细化责任，一级抓一级，层层抓落实。

第五条　实施安全管理主要职能部门统筹管理、各校区相对独立地开展安全工作的条块综合管理模式，以便安全管理职能部门既能及时掌握各校区的安全动态，传达和贯彻执行安全管理决策，又能调动各校区安全管理工作的积极性，从而有效化解出现在校园内的各类危机，提高安全管理工作的效率。

安全教育一体化

第六条　强化"一个学校"的整体观念。在实施多校区安全管理工作过程中，贯彻安全管理工作全校一盘棋的思想观念，制定和完善切合学校实际的安全管理制度。

第七条　营造统一的校园安全文化，采取多种形式，加强各校区安全管理人员的交流和联系，使安全管理人员更深入地了解校本部和各校区的情况，增强各校区对校本部的归属感和认同感。

第八条　不断拓展教育宣传渠道，通过讲座、演习、播放视频、编印手册等多种方式，对班主任、学生骨干开展安全教育与管理培训，引导各学院和部门加强安全教育，不断增强师生的安全意识和防范能力。

第九条　定期召开校园安全管理领导小组专题会议，组织学习上级部门下发的安全工作指导文件，制订年度学校安全工作计划，拟定安全目标管理责任书，结合学校特点研究部署学校常规性安全工作。

第十条　构建学校安全教育"四位一体"模式，即安全教育机制的构建、安全教育内容的构建、安全教育体系的构建、安全教育方式的构建，使学校安全教育工作更加规范化和系统化。

综合防控一体化

第十一条　强化校园安全工作管理体制，对各校区进行功能定位，建立"横向到边，纵向到底"的安全管理责任体系，将安全管理职能延伸至各校区。

第十二条　将科技引领贯穿防控一体化建设。大力推进视频监控系统建设，根据"卡口子、保重点、兼顾面"的原则，实现视频监控对公共区域及重点部位的全覆盖，为校园突发事件的应急处置、治安事件的预防、失窃案件的侦破提供重要支撑。

第十三条　不断强化打击整治、应急处置、警校联合等配套运行机制。推行"日巡夜查"制度，加大巡查力度和覆盖面，打破校区界限，把各校区的安全防范工作穿成一线、拉成一片、联成一体。

第十四条　加强校园安防体系建设，构筑点面结合、纵横交错的校园安防体系，提高预警、预示能力，做到快速反应、及时处置。

第十五条　坚持动态完善制度，按照"边建设、边运行、边调整"的原则，在实践中不断总结经验，完善制度设计和操作细节，有规划、有重点地推进校园安防体系建设。

第十六条　建立健全安全责任追究制。在思想上不重视安全工作，不认真履行安全工作职责，是造成安全事故的主要原因。要进行责任倒查，追究相关人员的安全责任，同时要对工作成绩突出的人员予以表彰。

安保队伍一体化

第十七条　加强安保队伍一体化建设。学校应牢固树立"以人为本，服务师生"的思想理念，加强保安员、校园安全联防队人员的校园安全工作业务学习，提升其校园安全综合业务能力，推进保安队伍、校园安全联防队管理的科学化、专业化、正规化、精细化建设，打造素质高、能力强的安全工作队伍。

第十八条　学校保卫处制定校园保卫工作方案，并定期进行演练。保安员要严格遵守学校各类安全管理制度，按时到岗，不得随意脱岗，校外人员进校要严格登记。未经学校批准，任何人不得进入校园从事一切活动，若遇重大问题，应立即报告当地派出所。

第十九条　加强保安队伍建设。学校应从健全组织管理、监督考核、教育培训、激励保障等机制入手，实现保安队伍建设从经验式管理向科学管理转变、从粗放式管理向规范式管理转变、从应急式管理向长效管理转变。

第二十条　严格按照学校安全工作规范要求，强化人防、物防、技防。学校应着力推进新型安防进校园等重点工作，实现校园专职保安员配备率、封闭化管理达标率、一键式报警和视频监控系统达标率"三个 100%"，配齐校园安全工作队伍，强化安全基础建设，提升安全防范能力。

第二十一条　全面统筹安保队伍，多管齐下，一体化推进校园安全建设。学校应建立健全长效管理机制，建立安保队伍统一招录制度、人事管理制度、薪酬管理制度和谈话教育制度等规章制度，加强安保队伍工作规范、考勤请假制度、交接班制度等制度体系建设，把安保队伍建设纳入制度化、规范化的管理轨道，实现从"以人管人"到"以制度管人"的根本性转变。

二、校门出入安全

第一条　牢固树立"珍爱生命，安全第一"的思想观念，积极开展创建平安校园活动，上学、放学实行校级领导、教师值班制度，分工明确，责任到人。

第二条　校门出入安全管控范围：学生出入校门、教师出入校门、外来人员（含学生家长）出入校门、本单位和外单位车辆出入校门、保安员的管理、校园周边环境治理等。

第三条　加强保安队伍建设，明确保安员的工作职责，确保其能熟练操作校门口的设备设施，掌握工作流程，每天组织保安队伍培训，每年组织保安队伍大比武活动。

第四条　成立校园周边交通秩序管理领导小组。

（一）学校应成立校园周边交通秩序管理领导小组，切实加强组织领导，树立责任意识，把着力解决校门口的交通拥堵问题作为分内之事来抓。

（二）校园周边交通秩序管理领导小组应定期召开会议，分析校门口交通秩序安全管理现状，研究对策，出台相关办法和措施。

第五条　制定相关办法与措施。

（一）走读学生家长接送管理办法。

（二）周日下午寄宿生返校管理办法。

（三）周五下午寄宿生返家管理办法。

（四）重大活动校门口交通秩序管理办法。

（五）上下学时段校门口志愿者劝导队工作职责。

（六）教职工自驾车辆进出要求。

（七）社会车辆接送人员要求。

（八）教师、学生进出要求。

（九）外来（含送货、施工、来访等）人员进出要求。

（十）保安员的工作职责及管理办法。

（十一）学校周边环境治理办法。

（十二）上学、放学校级领导、教师值班管理办法。

第六条　强化措施，落实责任。

（一）签订交通安全责任书。校园周边交通秩序管理领导小组与各年级教师、职工、各班级安全责任人签订交通安全责任书。

（二）各班级安全责任人与学生家长签订学生交通安全责任书。

（三）规范学生日常上学、放学、骑车、乘车、停放车等有关交通行为习惯。

（四）建立交通安全联系卡制度。学校、家庭、社会共同对学生的日常交通行为进行监督记录，形成学校、家庭、社会对学生交通行为齐抓共管的新局面。

（五）建立交通督查奖惩制度。

第七条　全面宣传，增强交通安全意识。

（一）每学年至少两次邀请交通执法人员到校进行交通法律法规宣传教育。

（二）每月至少安排一个课时讲授交通安全常识，要求 100%的师生达到交通安全"四会"（会安全走路、会安全骑车、会安全乘车、会按规定停车），遇到交通事故懂得拨打"122"报警电话，做到有计划、有教案、有材料、有测试。

（三）各校区每月至少出一期交通安全专刊，各班每学期至少出两期交通安全专刊。

（四）结合国旗下的讲话，坚持每天的"一日一法规"教育，进行交通法律法规的宣传教育。

（五）强化家长作为法定监护人的责任意识，督促家长对其子女进行社会公德和有关法律法规的教育，避免违法违纪和意外事故的发生。

（六）严把教职工入口关，从内部消除造成安全事故的隐患。加强安全保卫力量，成立安全保卫小组，对校内及学校周边治安环境加强巡查。

（七）加强保安员的责任意识，严格执行门卫值班制度，确保24 小时不空岗。

（八）严格执行出入校门登记制度，不明身份人员、无正当理由要求进校人员不得进校。

（九）严格控制外来人员进入校园。学校应经常与属地派出所联系，及时反馈有关治安的情况。

（十）加强对师生的安全教育，不断提高师生的自救自护能力。

第八条 突发事故处理办法。

（一）安排人员负责有序疏散人群。

（二）及时将受伤人员送到急救中心或拨打120。

（三）及时向领导报告事故情况。

（四）在学校发生事故时，迅速了解、收集和汇总与事故有关的信息，及时向应急现场指挥部提供相关信息和资料。

（五）当发生事故时，要组织人力及时抢救受困和受伤的师生，确保师生生命安全，及时将事故上报主管领导。

（六）视情况拨打110、120请求援助，并拉好警戒线保护事故现场。

（七）采取有效措施，做好事故善后处理工作。

第九条 编制校门出入安全应急预案。学校应编制校门出入安全应急预案，预案要科学、规范、可操作性强，要明确各工作小组的人员及其职责、现场处置及救援措施、事故报告及现场保护、应急保障措施等内容，确保在校门口突发事故时，相关人员能够及时、准确、有条不紊地开展救援工作，有效地控制和减少事故的影响，减少人员伤亡，减少事故带来的损失。

第十条 建设校门出入安全应急队伍。学校应成立指挥、疏散、抢救、警戒、联络、救护、保障、舆情处置、家长接待等要素齐全的校门出入安全事件应急工作机构，组建校门出入安全应急队伍，日常加强应急预案宣贯、培训和演练，确保校门出入安全应急队伍的成员掌握处置流程和工作职责。

第十一条　妥善处置学校门口突发的安全事件。学校应根据应急预案流程妥善处置校门口突发的安全事件，安抚受伤人员及其家属，按要求向上级报送信息。

第十二条　坚持"预防为主、防治结合"的原则，在校门口突发事件的应急处置工作中，第一个接警者为该事件的第一责任人和第一执行者。第一责任人要以学校利益、师生利益为重，无条件地承担控制事态、抢救和报警的任务。

第十三条　强化应急处置，实行校长为防御防范工作第一责任人制度，要制定校门出入安全防御防范工作方案，明确具体任务，分工到人，确保防御防范工作不留死角。

第十四条　事件总结、追究责任。调查突发事件，明确责任人。做好事件教训总结工作，根据学校制度严肃追究相关人员的责任。

三、消防安全

第一条　学校消防安全工作重在预防，进行有效的预防能促使学生和教职工养成良好的消防安全习惯，从而加强在学习、工作和生活中的防护意识。

第二条　消防安全教育。

（一）消防安全教育的对象为全体学生和教职工。

（二）消防安全教育的形式主要有消防文艺宣传、举办消防宣传画展、参加火灾事故现场会、典型火灾案例分析、举办消防演讲、季节防火宣传、订阅消防报刊或杂志、录制消防影视节目、举办消防知识竞赛、重点工种教育、参观对外开放的消防站等。

（三）消防安全教育每学期至少进行一次，在消防宣传日或重大活动期间适时进行。

第三条 消防安全培训。

（一）消防安全培训的对象应包括全体学生和教职工。

（二）下列人员应积极接受消防安全培训：

（1）学校的消防安全责任人、消防安全管理者代表；

（2）专兼职消防安全管理人员；

（3）消防控制室的值班、操作人员；

（4）微型消防站的队员、志愿者或义务消防队员；

（5）易燃易爆危险物品的生产、使用、储存、经营等特种岗位人员；

（6）其他依照规定应当接受消防安全培训的人员。

（三）学校的消防控制室值班、操作人员，电气焊操作人员和易燃易爆危险物品的生产、使用、储存、经营等特种岗位人员应当持证上岗。

（四）消防安全培训应包括以下主要内容：

（1）有关消防法律法规、消防安全管理制度和保障消防安全的操作规程；

（2）学校、部门、岗位的火灾危险性和防火措施；

（3）消防设施的性能、灭火器材的使用方法；

（4）报警、扑救初起火灾及自救逃生的知识和技能；

（5）组织、引导在场群众疏散的知识和技能；

（6）与消防安全管理体系相关的消防安全文件，以及消防安全管理方针、目标、指标；

（7）灭火和应急疏散预案的演练。

（五）学校每学期组织开展一次消防安全培训，部门的消防安全培训（演练）每月组织一次。

（六）学校新入职、上岗员工应结合岗位要求接受岗前消防安全培训。

（七）学校应积极参加消防部门或其他具有消防安全培训资质的机构组织的专门消防安全培训。

（八）学生消防安全教育。

（1）学生每学期接受的消防安全教育应不少于 6 课时，学校可按照表 1 所示安排教育内容。学校应根据年级开展内容不同的消防安全教育，并对学生进行消防安全知识测试。

表 1　学生消防安全的重点教育内容

重点教育内容	课时
1. 认识火灾； 2. 火灾的危害； 3. 如何预防火灾	2
1. 认识灭火器； 2. 如何使用灭火器和其他消防设施； 3. 如何扑救初期火灾	2
1. 消防的四个能力建设； 2. 火灾现场自救与逃生的知识和技能； 3. 消防安全法规	2

（2）开展主题班会、法定节假日前的消防安全教育。

（3）以"全国消防安全日"为抓手，开展系列主题教育活动，如消防法规知识竞赛、消防安全演讲比赛、消防安全应急演练、评选消防安全手抄报等。

（4）加强校园阵地消防安全宣传。校园内应设置消防安全教育区域，安装消防安全橱窗；利用电子屏、横幅等形式进行消防安全宣传；各班级应设置涉及消防安全相关内容的安全角。

第四条　签订消防安全责任书。学校应按照"党政同责、一岗双责、齐抓共管、失职追责"的原则，落实消防安全主体责任，建立健全消防安全管理责任制，层层签订消防安全责任书，层层传导压力，层层压实责任。

（一）教职工消防安全责任书。全校教职工每年与学校签订消防安全责任书，对教职工应遵守的消防法规、规范使用电动自行车、安全用电、按时参加教育培训等内容进行约定。

（二）学生消防安全责任书。全校学生及家长每年与学校签订消防安全责任书，对学生应遵守的消防法规，预防一氧化碳中毒、安全用电、规范使用电动自行车等安全常识，家长应尽的监护义务等进行约定。

（三）法定节假日、重要活动期间的消防安全责任书。每年"清明节""劳动节""国庆节""中秋节""元旦"假期及寒暑假等，学校与师生签订安全责任书，内容包含消防安全责任。

第五条　风险、隐患排查。学校应强化"隐患就是事故"的思想，坚持抓早、抓小、抓苗头的原则，加强消防安全风险、隐患排查，实现排查工作常态化、规范化、制度化。

（一）消防安全风险评估。学校每学年至少开展一次消防安全风险评估，评估风险等级，形成评估报告。

（二）校内防火巡查、检查。

防火巡查、检查应定期开展，各岗位应每天一次，各部门应每周一次，学校消防工作归口管理部门应每月一次。加强夜间防火巡查。

（三）防火巡查的主要内容如下：

（1）用火、用电有无违章情况；

（2）安全出口、疏散通道是否畅通，安全疏散指示标志、应急照明设施是否完好；

（3）消防设施、器材是否保持工作状态，消防安全标志是否在位、完整；

（4）常闭式防火门是否关闭严密，防火卷帘下是否堆放物品影响使用；

（5）消防安全重点部位人员的在岗情况；

（6）工作结束后，清除遗留火种等杂物，落实发热源管理；

（7）具有火灾危险性的重点部位消防安全措施落实情况；

（8）其他消防安全情况。

（四）在防火巡查和检查时应填写巡查和检查记录，巡查和检查人员及其主管人员应在巡查和检查记录上签名。巡查和检查人员在巡查、检查中应及时纠正违章行为，消除火灾隐患，对于无法整改的情况，应立即报告，并记录存档。

（五）校园周边消防隐患排查。学校应定期对校园周边的消防设施、消防隐患等进行排查，积极联系辖区政府、消防等部门联防联控。

第六条 坚持"预防为主、防消结合"的原则，落实学校各项消防安全管理制度，加强日常监管，彻底消除消防安全隐患，及时检查并发现火灾隐患，严防各类火灾事故的发生。

第七条 下列情况均应被确定为火灾隐患：

（一）经火灾危险评价后的区域，监控和预防措施不到位，有可能导致火灾等紧急情况或火势蔓延的行为；

（二）防火巡查、检查中发现的违反或不符合消防法律法规的行为；

（三）公安消防机构下发的消防法律文书中指出的违反或不符合消防法律法规的行为。

第八条 下列可以当场整改的火灾隐患，由检查部门直接通知相关部门整改：

（一）违章使用、存放易燃易爆物品；

（二）违章使用以甲、乙类可燃液体和气体为燃料的明火取暖炉具；

（三）违反规定吸烟、乱扔烟头和火柴；

（四）违章动用明火进行电（气）焊；

（五）不按照设备设施的安全操作规程操作；

（六）安全出口、疏散通道上锁、遮挡、占用，影响疏散；

（七）消火栓、灭火器材被遮挡或挪作他用；

（八）常闭式防火门关闭不严；

（九）消防设施管理、值班人员和防火巡查人员脱岗；

（十）违章关闭消防设施、切断消防电源；

（十一）防火卷帘下堆放物品，影响卷帘正常运行；

（十二）存在乱接、乱拉电线等不规范用电行为；

（十三）其他可以立即改正的行为。

第九条　对不能当场整改的火灾隐患，由消防工作归口管理部门拟定整改方案和整改时限，报消防安全责任人批准，由消防安全责任人保障整改的人力和经费资源。

第十条　批准的整改方案和整改时限，由消防工作归口管理部门以《责令限期改正通知单》的形式通知存在火灾隐患的相关部门。

第十一条　在火灾隐患整改期间，应采取相应措施，保障安全。

（一）对于公安消防机构责令限期整改的火灾隐患和重大火灾隐患，应在规定的期限内整改，并将火灾隐患整改复函送达公安消防机构。

（二）对于不能立即整改的重大火灾隐患，应自行将危险区域停用。

（三）对于涉及城市规划布局而不能自己解决的重大火灾隐患，应提出解决方案并及时上报上级主管部门或当地人民政府。

第十二条　在整改完毕后，火灾隐患整改部门应向消防工作归口管理部门写出整改情况报告，收到报告或整改期限届满时消防工作归口管理部门应当对发出的《责令限期改正通知单》予以复查，填发《复查结果通知单》，报消防安全管理者审批，并送达相关整改部门。

第十三条　落实新规定和要求。针对上级部门下发的消防安全新规定和要求，学校应积极制定相关工作方案并认真落实。

第十四条　组织消防演练。

（一）学校消防演练每月一次。

（二）消防演练应由组织者提前七天通知相关部门和人员。

（三）消防演练涉及的各级、各类人员，必须按照演练的统一要求，在规定的时间内到达指定位置。

（四）演练地点必须相对安全，防止意外发生。在消防演练前要在演练地点设置明显标志。

第十五条　编制消防安全应急预案。学校应编制消防安全应急预案，该预案应科学、规范、可操作性强。该预案明确了各工作小组的人员及其职责、现场处置及救援措施、事故报告及现场保护、应急保障措施等内容，确保在发生消防安全事故时，学校能够及时、准确、有条不紊地控制和减少事件影响，有效地开展救援工作，减少学生伤亡，减少消防安全事故带来的损失。

第十六条　建设消防安全应急队伍。学校应成立指挥、疏散、抢救、警戒、联络、救护、保障、舆情处置、家长接待等要素齐全的突发消防安全事件应急工作机构，组建消防安全应急队伍，日常加强应急预案宣贯、培训和演练，确保消防安全应急队伍的成员掌握处置流程和工作职责。

第十七条 妥善处置突发消防安全事件。学校应根据应急预案流程妥善处置突发消防安全事件，安抚伤员和家长，按要求向上级报送信息。

第十八条 事件总结、追究责任。学校应调查突发消防安全事件，明确责任人，做好事件教训总结工作，根据学校制度严格追究相关责任人的责任。

四、交通安全

第一条 学校交通安全工作重在预防，进行有效的预防能帮助学生和教职工养成良好的交通安全习惯，从而加强在学习、工作和生活中的防护意识。

第二条 学生和教职工交通安全教育。学校要不断加强学生和教职工的交通安全教育，结合实际情况、专业设置、年龄等因素，多措并举，开展各项宣传教育工作。

（一）教职工的交通安全教育。学校每学期至少邀请专家、交通副校长、交通警官等到校一次，结合"劳动节""国庆节"等重要时间节点，开展交通安全教育专题讲座，内容包括交通法规、文明驾驶、交通事故案例分析等。

（二）专职司机的交通安全教育。针对专职司机学校每月要开展一次培训。培训内容包括交通法规、文明驾驶、公车使用制度等。

（三）学生交通安全教育。

（1）开展"开学第一课"宣传教育活动。学校应通过案例分析、观看交通安全宣传视频等方式开展教育，内容包括一盔一带、文明行走、拒乘黑车等。

（2）学生每学期接受的交通安全教育应不少于 6 课时，学校应根据年级开展内容不同的交通安全教育，并对学生进行交通安全测试。学生交通安全的重点教育内容如表 2 所示。

表 2　学生交通安全的重点教育内容

重点教育内容	课时
1. 步行、乘车、骑车的安全常识； 2. 发生交通事故的原因； 3. 学会交通事故报警	2
1. 水上交通安全常识； 2. 轨道交通安全常识； 3. 乘飞机交通安全常识	2
1. 在交通安全事故中如何逃生、自救与急救； 2. 道路交通安全法规； 3. 驾驶机动车车辆安全常识	2

（3）开展主题班会、法定节假日前的交通安全教育。

（4）以"全国交通安全日"为抓手，开展系列主题教育活动，如交通法规知识竞赛、交通安全演讲比赛、交通安全文艺演出、评选交通安全手抄报等。

（5）加强校园阵地交通安全宣传。校园内应设置交通安全教育区域，安装交通安全橱窗；利用电子屏、横幅等形式进行交通安全宣传；各班级应设置涉及交通安全相关内容的安全角。

第三条　签订交通安全责任书。学校应按照"党政同责、一岗双责、齐抓共管、失职追责"的原则，落实交通安全主体责任，建立健全交通安全管理责任制，保证层层签订交通安全责任书，层层传导压力，层层压实责任。

（一）教职工交通安全责任书。全校教职工每年与学校签订交通安全责任书,对遵守交通法规,文明驾驶、乘车、行走,按时参加交通安全教育培训等内容进行约定。

(二)学生交通安全责任书。全校学生及其家长每年与学校签订交通安全责任书,对学生应遵守的交通法规,行走、骑车、乘车的安全常识,家长应尽的监护义务等进行约定。

(三)法定节假日、重要活动期间的交通安全责任书。在每年的"清明节""劳动节""国庆节""中秋节""元旦"假期及寒暑假等,学校与师生签订交通安全责任书,内容包含交通安全责任等。

(四)专职司机签订交通安全责任书。该交通安全责任书包括遵守交通法规、做好车辆维护等内容。

第四条　风险、隐患排查。学校要强化"隐患就是事故"的思想,坚持抓早、抓小、抓苗头的原则,加强交通安全风险、隐患排查,实现排查工作常态化、规范化、制度化。

(一)交通安全风险评估。学校每学年开展一次交通安全风险评估,评估风险等级,并形成评估报告。

(二)校内交通安全隐患排查。学校各部门对责任区域内的交通安全隐患进行日巡、周查,包括机动车不在规定地点停放、不按规定路线行驶、超速行驶等隐患的排查。

(三)公、私机动车隐患排查。

(1)学校应定期对公车进行检修,确保车辆不带"病"上路。

(2)教职工应定期对私家车进行保养、检修,不开带"病"车。学校应对进入校园的私家车的车况进行抽查。

(四)校园周边交通隐患排查。学校应定期对校园周边的交通设施、隐患等进行排查,积极联系辖区政府、交通等部门联防联控。

(五)学生交通安全隐患排查。学校应定期排查学生违规驾驶机动车、乘坐"黑车"等隐患行为。

第五条　学校应坚持"预防为主、防治结合"的原则，落实各项交通安全管理制度，加强日常监管，彻底整改并消除校园道路交通安全隐患，改善校园道路行车条件，创造安全畅通的道路交通环境。

第六条　交通安全日常管理包括以下内容。

（一）校门交通秩序维护。学校应设置校门护学岗，安排值班干部、教师（家长志愿者）每天在上下学人流、车流高峰时段维护校门口的交通秩序，保障师生安全。

（二）校园交通基础设施建设及维护。学校应加强校园交通基础设施的建设及日常维护，校园交通基础设施包括道路交通标志线、指示牌、视频监控、测速监控、交通信号灯等。学校应定期对这些设施进行日常维护，做好维护记录，确保各类设施正常使用。

（三）制定并落实校园行车、停车管理制度。在校园内划定停车位，要求停车必须入位，不得乱停乱放；严格落实校园车辆行驶超速管理制度，确保车辆在校园内安全行驶。

（四）建立车辆、驾驶员信息台账。学校应建立机动车（公、私）驾驶员的档案，并进行动态管理。

（五）规范公车的使用管理。学校应制定公车使用管理制度，严格落实 ETC 卡、加油卡的使用规范，派车审批、登记等公车使用管理制度。

第七条　交通安全隐患整改包括以下内容。

（一）校园内交通安全隐患整改。学校应根据每周交通隐患排查记录，对于能够立即整改的隐患，必须立即整改；对于不能立即整改的隐患，要制定整改措施，并限时整改。

（二）协助做好校园周边交通秩序综合整治。学校应积极联系辖区公安、交通、综合治理等部门，对排查出的校园周边交通隐患进行及时整治，消除校园周边各种交通安全隐患，确保广大师生的安全。

第八条　落实新规定和要求。针对上级部门下发的交通安全新规定和要求，学校应积极制定相关工作方案并认真落实。

第九条　学校应强化应急处置，及时控制和妥善处理校园突发交通安全事件，建立健全应急机制，提高快速反应和应急处理的能力，确保学生和教职工的生命财产安全，保证正常的教育教学秩序，维护学校和社会的稳定。

第十条　编制交通安全应急预案。学校应编制交通安全应急预案，预案应科学、规范、可操作性强，明确了各工作小组的人员及其职责、现场处置及救援措施、事故报告及现场保护、应急保障措施等内容，确保在发生校园交通安全事故时，学校能够及时、准确、有条不紊地控制和减少影响，有效地开展救援工作，减少学生伤亡，减少交通安全事故带来的损失。

第十一条　建设交通安全应急队伍。学校应成立指挥、疏散、抢救、警戒、联络、救护、保障、舆情处置、家长接待等要素齐全的突发交通安全事件应急工作机构，组建交通安全应急队伍，日常加强应急预案的宣贯、培训和演练，确保交通安全应急队伍的成员掌握处置流程和工作职责。

第十二条　妥善处理突发交通安全事件。学校应根据应急预案流程妥善处理突发交通安全事件，安抚伤员和家长，按要求向上级报送信息。

第十三条　事件总结、追究责任。学校应调查突发交通安全事件，明确责任人，做好事件教训总结工作，根据学校制度严格追究相关责任人的责任。

五、法治安全

第一条　学校法治安全工作要以《全面推进依法治校实施纲要》为指导，建立健全依法治校工作机制，坚持以人为本，依法办学，依法治校，保障师生的主体地位和合法权益。

第二条　学校要不断加强师生法治教育，结合实际情况、专业设置、年龄等因素，多措并举，开展各项宣传教育工作。

（一）加强领导干部的法治意识与能力培养。

（1）将法治教育培训纳入理论学习中心组、干部培训的重要内容，分层分类地做好法治培训，将培训效果作为领导干部考核的重要内容之一。

（2）健全党委理论学习中心组党员、干部法治学习相关制度，定期开展学习教育，形成多形式、分层次、全覆盖的法治理论学习培训体系。

（3）领导干部应主动学习依法治校相关内容，积极参加市、区教育管理部门和学校组织的相关培训、考核。

（二）加强教师依法执教的意识与能力。

（1）将法治教育与师德教育紧密结合，把提高教师的法治素养作为加强师德建设的重要内容，在教师的入职培训、岗位培训中加入法治内容，并保证必要的学时。

（2）对于重要和新出台的教育法律法规，要组织教师进行全员学习。

（3）"职业道德与法治"课程的教师要参加专门的法治培训，不断提升专业能力。至少有 1 名教师接受 100 学时以上的系统法律知识培训，能够承担法治教育教学任务，协助解决学校相关法律问题。

（三）加强学生法治教育。

（1）学校要认真落实《青少年法治教育大纲》和教育系统普法规划要求，开设"职业道德与法治"等法治课程，充分发挥课堂主渠道的作用。

（2）学校应以"国家宪法日"等主题日为抓手，采用学生喜闻乐见的形式开展法治主题教育活动，如宪法晨读、法治征文、法治知识竞赛、法治演讲比赛、法治专题黑板报、绘制法治手抄报等，强化养成教育。

（3）加强校园法治文化建设。学校应将法治意识、法律素养作为素质教育的重要内容，在学生综合素质评价中体现。

（4）学校应开展主题班会、法定节假日、寒暑假的法治教育。

（5）加强校园法治文化阵地宣传。学校应在校园内设置法治教育宣传栏；利用电子屏、横幅等形式进行法治宣传；校园广播应定期播报法律知识等。

（6）学校应聘用法治副校长，要求其每学期至少进校园开展一次法治专题讲座或法治教育活动。

（7）学校应邀请校外专家，如法官、检察官、公安警官、法学教授等，入校开展各类法治专题讲座。

第三条　签订安全责任书。学校应按照"党政同责、一岗双责、齐抓共管、失职追责"的原则，落实法治主体的责任，要求各法治主体在法定节假日、重要活动期间签订的安全责任书应包含法律责任。

第四条　风险、隐患排查。学校应强化"隐患就是事故"的思想，坚持抓早、抓小、抓苗头的原则，加强法治安全风险、隐患排查，实现排查工作常态化、规范化、制度化。

（一）法治安全风险评估。学校每学年开展一次法治安全风险评估，评估风险等级，并形成评估报告。

（二）校内人员法治安全隐患排查。

（1）学校应与属地派出所联络，对新入职的教职工进行身份信息核查，核验其是否有违法、违纪记录，对不符合国家规定的聘用条件的人员坚决不予聘用。

（2）学校应每学期对外聘教师、保安员、保洁、宿舍管理员、食堂工作人员、驻校合作企业员工等工作人员进行身份核查，核验其是否有违法犯罪、违纪等记录，有不良记录者一律不予聘用，已经入职的，立即解除聘用。

（3）学校应按照有关规定，定期对在编教职工进行核查，检验其是否有违法违纪记录，如有行业限制的，应调整其岗位。

（三）学生法治安全隐患排查。

（1）在新生入学期间，各班集中排查各类法治安全隐患，如校园欺凌行为、携带违禁品、遵守校规校纪情况等。

（2）在日常教学过程中，注意排查师生之间、学生与学生之间，以及学生干部与普通学生之间的矛盾，发现问题立即化解，消除隐患。

（3）在寒暑假学生返校期间，学校要集中排查假期中学生的违纪、违法等不良行为，一经发现按相关政策进行处理。

（四）校园周边法治安全隐患排查。学校应定期对校园周边人员进行排查，如校门外可疑人员、周边有精神障碍的人员等。

第五条　建立健全纠纷解决机制。学校应把法治作为解决校内矛盾和冲突的基本依据，建立健全并综合运用信访、调解、申诉、仲裁等各种纠纷解决机制，注重和发挥职能部门、工会和法律顾问在处理纠纷中的作用，建立合法的处理程序，依法妥善、便捷、高效地处理校园内外部各种利益纠纷。

（1）人事、学生管理部门应按正当程序的要求，建立健全教职工、学生申诉处理的工作机制和规则，允许学生聘请代理人参加申诉。

（2）学校在处理教职工、学生的申诉或纠纷时，建立并积极运用听证方式，保证处理程序的公开公正。

（3）对于难以在校内完全解决的纠纷，学校应当按照法定程序，提交有关行政机构、仲裁机构、社会调解组织或司法机关依法解决。

（4）在处理学生违反校规校纪的问题时，一定要保留各种过程材料，建立档案，确保程序合规合法。

第六条　积极构建法治安全风险管理体系，完善法治安全风险管理制度、学生伤害事故调解制度，形成以校方责任险为核心的校园保险体系。

第七条　安排专人负责学校法治事务，聘用法律顾问协助处理涉法问题，完善法律顾问参与学校治理的制度，保证法律顾问作用的发挥。

第八条　落实新规定和要求。学校针对上级部门下发的法治安全新规定和要求，应积极制定相关工作方案并认真落实。

第九条　学校要强化应急处置，及时控制和妥善处理校园突发法治安全事件，建立健全应急机制，提高快速反应和应急处理的能力，确保学生和教职工的生命财产安全，保证正常的教育教学秩序，维护学校和社会的稳定。

第十条　编制法治安全应急预案。学校应编制法治安全应急预案，该预案要科学、规范、可操作性强。该预案明确了各工作小组的人员及其职责、现场处置及救援措施、事故报告及现场保护、应急保障措施等内容，确保在突发法治安全事件时，学校能够及时、准确、有条不紊地控制和减少事件影响，有效地开展救援工作，减少学生伤亡，减少法治安全事件带来的损失。

第十一条　事件总结、追究责任。学校应调查校园突发法治安全事件，明确责任人，做好事件教训总结工作，根据学校制度严肃追究相关责任人的责任。

六、食品卫生安全

第一条　学校要切实做好食品卫生安全工作，从源头上防止食源性疾患发生，为广大师生营造一个安全、卫生的环境。

第二条　建立健全管理、监督网络。

（一）学校要建立健全食品卫生安全管理网络，成立以校长为第一责任人的学校食品卫生安全管理领导小组，定期组织开展食品安全隐患排查。

（二）学校要积极配合食品卫生监督部门对校园食品卫生的监督检查，对食品卫生监督部门提出的意见和问题及时采取措施进行整改。

（三）学校食品生产经营场所要依据《中华人民共和国食品卫生法》的要求，到属地市场监督管理部门申办食品经营许可证。食堂整体环境干净整洁，无杂物、积水，无堆放垃圾，有相应的防蝇、防鼠、防尘、清毒、更衣、盥洗、污水排放、存放垃圾和废弃物的设施。

（四）学校要建立健全食品安全"日管控、周排查、月调度"工作机制。

第三条　开展食源性疾病预防知识教育。

（一）学校要广泛开展食源性疾病预防知识教育，向师生有效传递食品安全知识。

（二）学校要建立健全食品安全投诉举报机制，建立家长委员会代表参与的校园食品安全监督检查机制。

第四条　加强规范管理。

（一）规范上岗要求。学校要督促食堂等校园内食品经营场所强化从业人员的食品安全培训考核，促使其全面掌握和严格落实各项食品安全要求。

（二）严格查验进货原料。学校要制定严格的食品原料供货要求，严格筛选食品原料供应商；倡导建立原料供应基地，与大型食品生产或销售企业签订长期供货协议；明确由专人负责食品原料进货查验，严格执行查验要求。

（三）规范加工制作行为。学校要按照《餐饮服务食品安全操作规范》的要求，规范食品加工制作行为，做到烧熟煮透食品、原料、半成品、成品及其盛放容器和加工制作工具区分标识明显、分开放置和使用，按规定的温度和时间配制食品等。

（四）全面推行"明厨亮灶"。学校要积极推进"明厨亮灶"，强化食堂自身的食品安全管理，及时发现并纠正存在的问题。同时，食堂要向学校、市场监管部门、教育管理部门公开食品加工制作信息，主动接受监督。

（五）提升食品安全管理水平。学校要定期对食品原料农药残留、餐具清洗消毒效果等进行检验检测。

（六）学校要加强对食堂操作间的安全管理，强化操作人员的规范培训，定期对厨房烟囱、排烟道进行清洗并做好记录，防止发生烟道油垢引起的火灾；明确食品加工间等重点部位的安全管理制度，明确切菜机、和面机等机械设备，以及烟道、燃气管道疏通清理的操作规程，定期组织隐患排查治理。

第五条　加强监督，压实责任。

（一）加强对委托经营者、供餐单位的管理。食堂委托经营的，学校应严格遴选食堂委托经营者，加强日常食品安全的管理；及时与食堂委托经营者签订承包合同、传染病防控责任书。

（二）学校应持续加大监督检查力度，深入排查使用腐败变质和超过保质期的食品原料等食品安全风险隐患。

（三）深入食堂进行食品安全"六查"。"六查"的内容包括员工健康状况、原材料是否符合要求、环境是否干净整洁、各项操作流程是否规范、厨具消毒是否规范到位、有无安全隐患（水、电、气、暖及设备安全）。对于在"六查"中发现的食品安全问题和隐患，学校要迅速采取整改措施，并及时复查整改效果。

（四）建立学校陪餐制度。按照《学校食品安全与营养健康管理规定》《关于落实主体责任强化校园食品安全管理的指导意见》的要求，学校要制定陪餐制度，明确陪餐人员和要求，做好陪餐记录。

第六条　严惩重处。

（一）严格落实食品安全四个"最严"，即"最严谨的标准、最严格的监管、最严厉的处罚、最严肃的问责"，确保师生"舌尖上的安全"。

（二）严惩重处违法行为。严惩重处校园食品安全违法违规行为，主动公开查处结果。

（三）对于违反食品安全管理制度者，按照相关制度进行惩处、通报。

第七条　学校要强化应急处置，及时控制和妥善处理校园突发食品安全事件，建立健全应急机制，提高快速反应和应急处理的能力，确保学生和教职工的生命安全，保证正常的教育教学秩序，维护学校和社会的稳定。

第八条　建立健全食品安全事件应急预案。学校要建立健全食品安全事件应急预案，预案要科学、规范、可操作性强，明确了各工作小组的人员及其职责、现场处置及救援措施、事故报告及现场保护、应急保障措施等内容，确保在突发食品安全事件时，学校能够及时、准确、有条不紊地控制和减少事件影响，有效地开展救援工作。

第九条　建立健全学校食品卫生安全管理网络。学校应成立指挥、疏散、抢救、警戒、联络、救护、保障、舆情处置、家长接待等要素齐全的食品安全事件应急工作机构，组建应急队伍，日常加强应急预案的宣贯、培训和演练，确保应急队伍的成员掌握处置流程和工作职责。

第十条　妥善处置食品安全事件。学校应根据应急预案流程妥善处置食品安全事件，安抚病患和家长，按要求向上级报送信息。

第十一条　事件总结、追究责任。学校要调查食品安全事件，明确责任人，做好事件教训总结工作，根据制度严肃追究相关责任人的责任。

七、公共卫生安全

第一条　突发公共卫生事件（以下简称"突发事件"）是指突然发生的、对师生健康造成或可能造成严重损害的重大传染病疫情、群体性不明原因疾病、重大食物中毒，以及其他严重影响师生健康的事件。

第二条　对于公共卫生安全，学校应以预防为主，坚持常备不懈的方针，贯彻统一领导、分级负责、反应及时、措施果断、依靠科学、加强合作的原则，为有效预防、及时控制和消除突发公共卫生事件的危害起带头作用，做好防范工作。

第三条　做好突发事件的监测与预警。学校应根据突发事件的类别，配合社区卫生服务中心，制订监测计划，对监测数据进行科学分析和综合评价，对早期发现的潜在隐患和可能发生的突发事件，根据报告程序和时限及时上报，以便及时抢救治疗。

第四条　突发事件的预防

（一）加强宣传教育。学校要充分利用校会、晨会、班会、公众号、黑板报、宣传栏、广播、国旗下讲话等，向全校学生和教职工广泛开展传染病防治、防食物中毒等卫生科普知识的宣传教育，加强在校学生和教职工的自我保健意识和能力，减少疫病发生；督促学生和教职工加强体育锻炼，科学设计体育课，增强其对疾病的抵抗能力；每年对全体学生和教职工进行一次体检，根据体检情况，有针对性地采取预防疾病的措施。

（二）学校要大力开展爱国卫生运动，督促学生和教职工做好个人卫生及环境卫生，增强学生和教职工的公共卫生安全意识，促使其养成良好的卫生习惯；加强校园内馆室、厕所的卫生保洁和灭"四害"工作，断绝病原体的传染途径；做好教学场所、生活场所和设施的卫生防疫工作，加强饮水、饮食的管理，定期开展大扫除，保持校内教室和各活动场所的空气流通；教师办公室和教室的门窗每天要经常开启，在气温适宜时全天开启，确保通风换气，保持室内空气新鲜，减少学生和教职工感染病原体的机会。

（三）学校应有计划地建设和改造公共卫生设施，对污水、污物进行无害化处理，改善饮用水卫生条件，保证饮水水源的清洁卫生；做好必要的物质准备，储备一定数量的口罩、防护服、消毒液和预防药品。

（四）学校应严格执行有关法律和规章制度，做好卫生防疫和食品卫生安全管理工作，按照要求每周安排一课时的健康教育课，对学生和教职工加强健康教育，普及卫生防病相关知识。

（五）学校要特别做好春夏疫病高发期的预防工作，教育学生根据天气变化增减衣服，以防感冒，增强免疫力。

第五条　做好传染病监测

（一）晨、午、晚检：晨检应在学校疫情报告员的指导下进行，由班主任对到校的每个学生进行观察、询问，了解学生出勤、健康状况。当发现学生有传染病早期症状（如发热、皮疹、腹泻、呕吐、黄疸等）及疑似传染病症状时，班主任应当及时告知学校疫情报告员，学校疫情报告员要进一步排查，以确保做到早发现、早报告，并做好相应的表格填写。

（二）因病缺勤：班主任应当密切关注本班学生的出勤情况，对于因病缺勤的学生，应当了解其患病情况和可能的病因，如有怀疑，要在每天下午放学前填好因病缺勤表格，报告给学校校医。校医在接到报告后应及时追查学生的患病情况和可能的病因，做到早发现、早治疗。

（三）密切掌握师生出勤情况。学校要密切关注师生出勤情况，及时查明缺勤人员的缺勤原因，掌握信息；登记因病缺勤师生名单、主要症状、就诊检查情况（初步诊断），并实行每天电话追踪随访。

（四）学校对广大师生要做到传染病信息的准确、公开、透明，做好宣传引导工作，确保校园稳定；加大传染病预防控制知识的宣传力度；在卫生防疫部门的指导下，为师生准备必要的预防药品，并适时提供。

第六条　学校传染病疫情报告

学校应本着"先控制、后处置、救人第一、减少损失"及"早发现、早报告、早控制、早治疗、早处理"的原则，果断处置，积极抢救，严防次生事故发生。学校应指定专人担任学校疫情报告员（卫生管理部门负责人），负责传染病报告工作，确保传染病报告工作的落实；建立由学生到教师、到学校疫情报告员、到学校领导的传染病疫情发现、信息登记与报告制度。

（一）报告方式。

当出现符合本工作规范规定的报告情况时，学校疫情报告员应当以最方便的通信方式向属地疾病预防控制机构报告，同时向属地教育行政部门报告。

（二）报告内容及时限。

报告内容主要包括事件名称、事件类别、发生时间、地点、涉及的地域范围、人数、主要症状与体征、可能的原因、已经采取的措施、事件的发展趋势、下一步工作计划等。

（1）当同一班级在 1 天内有 3 例，或者连续 3 天内有多个学生（5 例以上）患病，并有相似症状（如发热、皮疹、腹泻、呕吐、黄疸等）或者共同用餐、饮水史时，学校疫情报告员应当在 24 小时内报出相关信息。

（2）当学校发现传染病病人或疑似传染病病人时，学校疫情报告员应当立即报出相关信息。

（3）当个别学生出现不明原因的高热、呼吸急促、剧烈呕吐、腹泻等症状时，学校疫情报告员应当在 24 小时内报出相关信息。

（4）当学校发生群体性不明原因疾病或其他突发公共卫生事件时，学校疫情报告员应当在 24 小时内报出相关信息。

第七条　突发事件的报告、通报

学校应建立重大、紧急疫情信息报告制度，任何教职工对突发事件不得隐瞒、缓报、谎报，或者授意他人隐瞒、缓报、谎报。有下列情形之一的，各位教职工应当在第一时间向学校行政部门报告：

（一）发生或可能发生传染病暴发、流行；

（二）发生或可能发生不明原因的群体性疫病；

（三）发生或可能发生重大食物中毒事件。

第八条　突发事件的病例调查

（一）病例个案调查：主要有基本情况、发病情况、治疗情况、接触情况等。

（二）病例接触者调查：接触同类病例的情况、接触者的发病情况等。

（三）死亡病例调查：应由市级疫病预防控制机构负责死亡病例的调查工作，除开展病例个案调查外，还应重点调查其发病、治疗、死亡的经过。

第九条　突发事件的应急处理

（一）学校应组织有关人员或配合卫生防疫人员对事件发生的原因、涉及的人群、危害程度及发展趋势进行调查，初步判断事件的类型，并由卫生防疫部门提出是否启动应急预案的建议。

（二）学校应对突发事件现场进行临时控制，实行师生分散隔离，防止事态扩大。

（三）学校应封存可能导致突发事件的设备、材料、物品。

（四）学校应对教室、实训（实验）室、电脑室、图书室、办公室等人群密集的地方，按规定进行消毒（具体操作在卫生与保健办公室的指导下进行）。

（五）学校应对有关人员实施医学隔离。

（六）学校应对病人进行紧急医疗救治。

第十条　责任追究。

学校应按照事故原因未查明不放过、责任人未处理不放过、整改措施未落实不放过、有关人员未受到教育不放过的"四不放过"原则，进行责任追究。学校对发生的突发公共卫生事件进行调查，并根据调查结果，对导致事件发生的有关责任人依规依纪追究责任。对于在学校突发公共卫生事件的预防、报告、控制和处理过程中，有玩忽职守、失职、渎职等行为的人员，若触犯法律，要移送司法机关处理。

八、网络与信息安全

第一条　网络与信息安全的范围。

（一）网络与信息安全包括信息化软硬件设施的物理环境安全、网络与通信安全、网站与信息系统安全、智能化系统安全、物联网系统安全、各类计算机及移动终端安全、摄像头及显示系统安全、移动互联网应用安全、云计算与云服务安全、新媒体应用安全、数据安全及个人隐私信息安全等。

（二）网络与信息安全的防护对象主要涉及基础网络、云计算平台/系统、大数据应用/平台/资源、物联网（IoT）、网站、业务信息系统、个人计算机系统、个人移动终端、智能化系统，以及采用移动互联技术的系统等。

第二条　网络与信息安全领导机构。

（一）学校应成立网络信息安全领导小组（组长由校长担任，副组长由负责信息化建设的主管副校长担任）和网络信息安全工作小组，建立网络安全专题会议制度，定期研究网络安全问题，开展网络安全检查，就网络安全工作进行协调、沟通、评估、推进，指导校园网络与信息安全管理工作。网络信息安全工作小组由学校信息化主管部门负责人担任组长，负责学校网络与信息安全的具体工作，对校园网和上网信息进行审查和监控。

（二）网络信息安全工作小组在网络信息安全领导小组的领导下开展工作，实行工作责任制和责任追究制。其要对校园网络用户定期进行网络信息安全教育，增强他们的防范意识。各部门负责人作为网络信息安全工作小组的成员，担任本部门网络信息安全责任人，与学校签订网络信息安全工作责任书，负责本部门的网络信息安全工作。

（三）负责网络信息安全的技术人员应为专职人员，应具备相应岗位要求的安全管理素养和技术能力，并签署岗位责任协议；网络安全人员离岗，应及时终止相关权限或授权，进行工作交接，在签署承诺的保密义务后方可离开；针对岗位要求，学校应制订网络安全人员的学习和教育培训计划，网络安全人员应参加或接受相关网络安全知识、技能培训；网络安全人员应定期学习网络安全管理制度和操作规程，并接受考核；网络安全人员应落实外部人员访问管理的有关规定和操作规程。

第三条　网络与信息安全基本内容

（一）梳理摸清学校信息资产，建立信息资产库，进行安全风险分析评估。

（二）明确安全目标和安全策略，确定网络安全保护等级，进行网络安全体系设计，设计较为完善的网络安全体系，有效防范对网络的攻击、侵入、干扰、破坏、非法使用和意外事故的发生。

（三）根据网络安全体系的设计选择适当的技术和产品，制定网络安全技术防护实施方案和运行管理方案，推进多层次纵深网络安全防护，使网络始终处于稳定、可靠的运行状态。

（四）对安全管理活动中的各种管理内容建立安全管理制度，

对网络安全人员的日常安全管理操作制定操作规程，形成由安全策略、管理制度、操作规程、记录表单等构成的较为全面的安全管理体系，有效防范非法使用和意外事故发生。

第四条　信息系统安全管理。

（一）校园网边界应进行网络安全防护，根据访问控制策略设置访问控制规则，检测、防止或限制来自校内外的网络攻击行为。可以根据需要设置网络安全防火区，用于对外提供信息服务。

（二）校园网核心或骨干设备应在保证业务处理能力满足业务高峰需要的情况下，支持网络安全策略实施，对不同网络区域之间根据访问控制策略设置访问控制规则，实现网络安全风险隔离，检测、防止或限制来自校内外的网络攻击行为。

（三）应部署网络安全设施，对进出网络的数据流基于应用协议和应用内容进行访问控制、隔离，检测、防止或限制来自校内外的网络攻击行为；对非授权设备私自连到内部网络的行为进行检查和限制，对内部用户非授权连到外部网络的行为进行检查和限制。

第五条　数据安全管理。

（一）数据的界定：数据包括但不限于学校各部门制定和发布的制度、文件、方案、成果、教学资源、应用系统数据库等。

（二）数据的保密：学校的数据实行保密分级制度，保密数据的密级分为"绝密""机密""秘密"三个等级。数据的保密级别由数据产生部门根据数据的重要性来确定，涉密资料只能在授权范围内使用，禁止利用邮件、云盘、微信等网络形式进行传送和网络共享。涉及保密文件的计算机与网络设备绝对隔离，不得在网络中传输、打印、复制有关涉密文件。

（三）数据的备份：应用系统数据库进行自动实时备份，并每周至少做一次手动备份，并在备份服务器中进行逻辑备份的验证工作，经过验证的逻辑备份存放在不同的物理设备中。存放备份数据的介质必须具有明确的标识，备份数据必须异地存放。个人电脑的备份由各部门自行负责，可利用移动硬盘、信息光盘等存储介质进行安全备份。在备份时应注意重要信息资料和数据存储介质的存放安全、运输安全和保密管理，保证存储介质的物理安全。

（四）数据的恢复：在数据恢复前，必须对原环境的数据进行备份，防止有用数据丢失。在数据恢复过程中，当出现问题时，由技术部门进行现场技术支持。在数据恢复后，必须进行验证、确认，确保数据恢复的完整性和可用性。

（五）数据的清理：在进行数据清理前必须对数据进行备份，在确认备份正确后方可进行清理操作。历次清理前的备份数据要进行定期保存或永久保存，并确保可以随时使用。数据清理的实施应避开业务高峰期，避免对联机业务的运行造成影响。

（六）数据的存储：对于需要长期保存的数据，数据管理部门需要与相关部门制定转存方案进行转存。根据转存方案，要在存储介质有效期内进行转存，防止存储介质过期失效，应采取有效的查询、使用方法，保证数据的完整性和可用性。

（七）数据的销毁：任何非应用性业务数据的使用及存放数据的设备或介质的调拨、转让、废弃或销毁，必须严格按照程序进行，在保证备份数据安全、完整后进行，确保数据的安全性和保密性。管理部门应对报废设备中存有的程序、数据资料进行备份，然后清除，并妥善处理废弃无用的资料和存储介质，防止泄密。

（八）数据的加密：各部门档案管理员应对涉及学校机密的重要文档进行加密处理，密码应符合安全性和复杂性的要求，妥善保存。

第六条　网络安全管理制度。

（一）网络系统属于学校资产，学校有权限制上网行为，可根据工作需要限制各部门及人员的上网行为，并对上网行为进行监控。

（二）学校网络仅供学校师生使用，外来人员使用学校网络须经相关主管部门同意，在报网络安全部门审批、授权后方可使用。

（三）学校教职工必须自觉遵守有关保密规定，严禁利用网络有意或无意地泄漏学校的涉密文件、资料和数据，不得非法复制、转移和破坏学校的文件、资料和数据。

（四）任何用户不得从事下列危害计算机信息网络安全的活动：未经允许，进入计算机信息网络或使用计算机信息网络资源；未经允许，对计算机信息网络功能进行删除、修改或增加；未经允许，对计算机信息网络中存储、处理或传输的数据和应用程序进行删除、修改或增加；故意制作、传播计算机病毒等破坏性程序；其他危害计算机信息网络安全的活动。

（五）不得通过互联网制作、复制、查阅和传播下列信息。

（1）反对宪法所确定的基本原则的信息。

（2）危害国家安全、泄露国家秘密、颠覆国家政权、破坏国家统一的信息。

（3）损害国家荣誉和利益的信息。

（4）煽动民族仇恨、民族歧视，破坏民族团结的信息。

（5）破坏国家宗教政策、宣扬邪教和封建迷信的信息。

（6）散布谣言、扰乱社会秩序、破坏社会稳定的信息。

（7）含有淫秽、色情、赌博、暴力、凶杀、恐怖或教唆犯罪的信息。

（8）侮辱或者诽谤他人、侵害他人合法权益的信息。

（9）学校明令禁止传播的其他信息。

（10）含有法律、行政法规禁止内容的信息。

第七条　网络与信息安全预警及应急处置。

（一）学校应构建网络安全态势感知平台，建立网络安全管理中心，实现网络安全统一管理。学校应以此为基础，检查网络安全策略执行情况，检查网络、信息系统安全配置、授权、审计和安全控制情况，检查网络安全管理制度的执行情况，检查网络安全操作规程的执行情况，查找网络安全管理风险，将网络安全风险消灭在萌芽状态、化解于无形，防止小风险发展成大风险，防止局部风险演化为全局风险，实现网络安全防御前置。

（二）学校应构建多层次深度智能化动态网络安全保障与防御体系，及时发现网络安全风险，有效防范外部风险、内部风险，防止外部风险和内部风险扩散，保证网络安全风险防护与应急处置技术支持到位。

（三）学校应建成专职网络安全管理和技术队伍，培养和提升教职工的网络新媒体素养和信息素养；促使学生网络安全队伍参与网络安全管理，实现社会网络安全力量协同；定期开展网络安全教育培训，组织网络安全知识竞赛，使网络安全应急演练实现常态化。

（四）网络安全应急处置管理。

（1）利用技术手段屏蔽有害信息，为全校师生营造绿色网络环境；利用上网行为管理系统监测师生的违法上网行为，杜绝不良言论发表，如发现不良信息，及时联系相关网络运营方进行处置。

（2）规范互联网信息管理，加强对学校互联网的监控力度；经常性地开展全校网络安全检查，随时掌握相关信息，针对出现的问题采取相应措施。

（3）对校园网站上设置的社区、论坛、交互式留言板等交互式栏目进行检查，一旦发现不良信息，在做好备份的同时，及时稳妥处置。

（4）加强网络舆情监测，利用网络舆情监测平台实时关注网络舆论，对有损国家荣誉和学校利益的舆论要及时制止并进行紧急处置，依情节严重情况逐级上报有关部门。

（5）在重要活动期间或发生重大突发事件期间，学校应加强网络监控，及时、果断地处置网上突发事件。

九、驻校合作企业安全

第一条　产教融合、校企合作是职业教育的基本办学模式，是办好职业教育的关键所在。学校应鼓励企业驻校，吸引优秀企业与学校共建共享技术和实训设施，共建产教融合生产性实训基地，推进校企合作育人、协同创新和成果转化，促进专业高质量发展。

第二条　学校应当引进安全生产意识强、有符合国家规定的劳动保护和职业防护措施的企业驻校；学校应建立驻校企业安全管理制度体系，明确各方职责，全方位对驻校企业进行监管。

第三条　校企合作应当依法开展，遵守国家法律法规和合作协议，保障合作各方的合法权益。

第四条　企业进驻学校，学校需要与企业签署安全责任书。

第五条　资产安全。学校与驻校企业涉及经济往来的，严格按照财务管理制度执行，不得体外循环或设立小金库；校企双方应共同爱护实训基地的设备设施，对因管理或个人操作造成财产损失的，明确责任后照价赔偿。

第六条　人员安全。针对驻校企业的人员安全要求如下：

（一）在企业员工进校入职前，学校安全管理部门应对企业员工的身份信息进行排查，有违法或失信记录的企业员工应禁止入驻学校；

（二）企业需要与驻校企业员工签署劳动合同、安全管理协议，未签署劳动合同、安全管理协议的员工，不得入驻学校；

（三）企业与学校应在第一时间联合对企业新入职驻校员工开展安全教育；

（四）合作企业非驻校员工入校，严格按学校外来人员管理制度执行，或经合作专业领导批准后，由驻校企业员工到校门口引领进入；

（五）除驻校企业工作区外，原则上企业员工不得在学校其他区域逗留，以免影响学校教育教学活动的正常进行；

（六）除合作专业学生需要外，企业员工应避免或减少与学校其他学生之间的直接接触活动；

（七）驻校企业员工在离职时，应在第一时间上报学校安全管理部门；

（八）驻校企业员工在校内住宿的，学校需要与其签署住宿人员安全责任书。

第七条　驻校企业要依法、依规、依协议经营，原则上不得开展超出协议范围的经营项目。

第八条　网络安全。驻校企业原则上不得使用校内网络；经学校批准，驻校企业可向学校相关部门申请安装独立的网络系统。

第九条　驻校企业接收跟岗、顶岗学生开展实习活动，应符合《职业学校学生实习管理规定》。

第十条　其他安全。当驻校企业的车辆出入校园时，学校要对车辆的运行安全、活动区域、装载货物、运送人员进行监管。

第十一条　学校每学期至少召开一次驻校企业安全会议，每周至少对驻校企业工作区开展一次安全检查。

十、财务安全

第一条　财务安全是指保证财务核算工作的顺利进行，真实地反映财务状况，促进预算的合理编制，提高资金使用效益，加强国有资产管理，合理配置和有效利用资产，加强对经济活动的财务控制和监督，防范财务风险。

第二条　学校应高度重视财务安全的事前预防，从加强组织领导、加强制度建设、严格审批程序、强化监督评价、加强业务培训等几个方面提升财务安全管理工作能力。

第三条　加强组织领导，明确财务安全工作各方的责任。

（一）校长为财务安全工作的第一责任人，带头抓财务安全工作，对重大项目亲自部署、过问、审核；财务副校长是财务安全工作的直接责任人，协助校长做好统筹、协调、监管工作；其他党政班子成员根据工作分工，按照"一岗双责"的要求，对职责范围内的财务工作负领导责任；财务人员应遵守各项财务规章制度，严格履行各自的岗位职责，确保资金使用合法、合规。

（二）学校应成立财务工作领导小组，校长任组长，财务副校长任副组长，财务人员任小组成员。财务工作领导小组负责财务工作的规划和指导，履行指导、督查、执行等责任，落实各项财务制度。

（三）学校应建立内部控制领导小组，校长任组长，财务副校长、分管纪检工作副书记（纪检委员）担任副组长，财务人员、法务人员等担任小组成员。内部控制领导小组全面负责学校的财务收支、经济活动运行、内部控制和风险管理，并对其实施独立、客观的监督和评价，确保经济业务的全范围覆盖，形成全过程监督。

第四条 加强制度建设，筑牢财务风险防火墙。

（一）建立健全内部控制制度体系。根据《中华人民共和国预算法》《中华人民共和国会计法》《中华人民共和国政府采购法》《行政事业单位会计准则》等有关法律、法规及政策文件，学校应结合实际工作情况，完善和优化内部控制制度，加强制度体系建设，保障财务工作有序运行。

（二）规范财务报销制度，明晰财务报销标准。根据上级政府部门发布的政策文件，结合财务报销工作中出现的问题，学校应及时调整和补充财务报销制度的内容，做到报销有标准，支出有依据。

第五条 严格审批程序，制度执行到位。财务工作领导小组和内部控制领导小组的成员要切实履行岗位职责，抓好政策落实，按照财务报销审批制度，正确编制预算，严把资金审核关，严控成本，提高资金使用效益。

第六条 强化监督评价，构建资金使用绩效评价机制。常态化开展项目资金事后绩效评价，评估项目管理、项目实施、资金使用和绩效情况，形成绩效评价报告，并合理运用评价结果。发挥内部控制领导小组的作用，对货币资金、固定资产、专项经费、教育收费等开展日常抽查及专项检查，形成考核评价报告，确保资金支出的绝对安全。

第七条 加强业务培训，提高业务能力。学校每学期对财务人员至少开展两次业务培训和思想道德廉政教育，利用寒暑假时间开展财务人员下企业实践活动，综合提升财务人员的思想道德品质和业务水平，进而提高其财务风险预判能力。

第八条 内部控制领导小组的职责权限如下：

（一）检查贯彻落实国家、本市、本区重大政策措施的情况；

（二）检查发展规划、战略决策、重大措施和年度业务计划执行情况；

（三）检查财务收支及相关经济活动的情况；

（四）检查经济管理和经济效益情况；

（五）检查预算执行和决算的真实、合法情况；

（六）检查内部控制和风险管理情况；

（七）检查专项教育资金的管理和使用情况；

（八）检查固定资产的管理和使用情况；

（九）检查主要领导人员任期、离任的经济责任审计；

（十）检查国家和本市有关规定，以及本单位要求审计的其他事项；

（十一）督促问题整改，落实整改措施。

第九条　加大监督检查力度。内部控制领导小组每学期至少开展两次专项检查工作。对于日常支出、项目支出、教育收费等重点项目，加大检查力度。对于政府采购项目，进行专项材料审核，对资金支出、项目归档等方面进行监督检查，发现问题立即通报整改。

第十条　加强重要岗位的监督检查力度。学校重要岗位实行轮岗制度，对于确实无法轮岗的岗位，每年需要加强监督检查力度。对于出纳、资产管理员、人事劳资、奖助学金管理人员等，每年进行专项检查，杜绝公款私用、固定资产流失、徇私舞弊等现象产生。

第十一条　问题追踪整改。对于在监督检查过程中发现的问题，及时通报，提出整改意见，反思问题根源，完善管理制度，举一反三，规避问题重复出现。内部控制领导小组要追踪问题的整改进度，建立台账，根据问题清单进行复查，以检查促整改，推动学校财务治理水平进一步提升。

第十二条　加强数据管理，精准施策。内部控制领导小组应全面掌握财务数据，做好财务日常支出数据的基础工作，建立分析统计表格，用数据分析问题、解决问题，履行财务监督管理职责。

第十三条　处置机制。财务安全事件按照金额大小、影响范围等因素，划分为四级，实行分级应急处置机制。

（一）Ⅰ级（特大）财务安全事件，是指造成大范围教职工经济利益受损或给学校造成较大经济损失的特大财务安全事件，且造成的损失不可补救。

（二）Ⅱ级（重大）财务安全事件，是指出纳人员、工资发放人员、报税人员、统计人员因个人操作失误或粗心大意等，造成学校和教职工经济利益遭受重大损失的事件。后经与当事人沟通协调或采取其他弥补措施，及时纠正错误，未给学校和教职工带来不良影响。

（三）Ⅲ级（较大）财务安全事件，是指出纳人员、工资发放人员、报税人员、统计人员因个人操作失误或粗心大意等，造成学校和教职工经济利益遭受一定损失的事件。后经与当事人沟通协调或采取其他弥补措施，及时纠正错误，未给学校和教职工带来不良影响。

（四）Ⅳ级（一般）财务安全事件，是指会计人员因人为失误造成会计摘要填写错误、记账科目选择错误等，未给学校造成经济损失、带来不良影响和后果的事件。此类财务安全事件可通过调账等手段及时弥补过错。

第十四条　处置流程。

（一）财务安全事件研判。

财务人员应认真履行岗位职责，在财务安全事件发生后，立刻上报部门主任。部门主任按照财务安全事件的等级，逐级汇报，不得瞒报、漏报。财务室第一时间对事件进行调查、分析、核实，弄清事件发生的原因、经过、责任环节和造成的影响，按照分级处理机制开展工作。

（二）应急处置。

在基本掌握事件发生的原因、经过和造成的影响后，按照财务安全事件的分级标准，部门主任和财务副校长经过研究决定，视情况召开领导小组工作会，商讨补救措施，最大限度地弥补教职工和学校的损失，缩小影响范围。

（三）跟踪处理。

财务人员应分析事件发生的原因，整理事件处置过程材料，进行深刻的剖析反思，总结经验教训，举一反三，避免同类事件再次发生。

十一、极端天气安全

第一条　学校应高度重视极端灾害性天气应对工作，采取有效措施，切实保障师生安全和正常的教育教学秩序，最大限度地减少极端灾害性天气造成的影响和损失。

第二条　气象灾害分级。气象灾害是指暴雨、高温、寒潮、大雾、雷雨、大风、冰雹、雪灾、道路积冰等灾害性天气。按照气象灾害的影响范围和严重程度，气象灾害分为特别重大灾害（Ⅰ级红色）、重大灾害（Ⅱ级橙色）、较大灾害（Ⅲ级黄色）、一般灾害（Ⅳ级蓝色），气象灾害等级以气象部门的预报为准。

第三条　师生安全教育。学校应结合实际情况、专业设置、年龄等因素，多措并举地开展各项宣传教育工作，加强师生在恶劣天气发生时的防范意识和防范能力，提高师生处理险情和自我救助的能力。

（一）学校利用班会课、宣传栏等多种形式及时对师生进行极端天气交通安全普及教育，教育学生在上下学途中遭遇气象灾害时，应按照避险要求自行避险、科学避险，不可强行涉险到校或回家，远离沟、河、池塘等危险区域，增强安全意识，要积极与家长、老师联系寻求脱险办法。

（二）学校要广泛开展极端天气自救和互救训练，不断提高广大师生防范极端天气的意识和基本技能。

第四条 防范应对措施。

（一）在遭遇天气突变、暴风雨等灾害性天气时，学校要在第一时间做出正确判断，将在校学生撤离到安全地带，必要时校长在向上级主管部门请示后决定停课放假，并及时上报有关情况。在极端灾害性天气出现前，学校要根据预警，及时要求校车、通勤车辆等停运避险。

（二）学校要根据实际情况，针对极端灾害性天气完善相关应急预案，及时掌握天气预警信息，并将预案内容、预警信息通过家长会、致家长一封信等形式告知家长。在极端灾害性天气出现时，学校应自行调整作息时间，提前放学或延时放学，必要时让家长亲自将学生接走。同时，班主任要做好安全教育，防止学生走失、溺水等事故发生。

（三）在极端灾害性天气到来之前，学校应对校舍、危险道路等建筑设施，车棚、篮球架、宣传栏、旗杆、电线等做好看护检查，对存有安全隐患的户外设施、设备进行加固或拆除；检查避雷装置是否完好，保持雨水出口、下水道畅通，关闭门窗，搬移阳台上的花盆及其他有可能被风从高空刮落的物品；在可能出现危险的重点部位，设立警示标识，必要时设专人看管，不让师生接近，防止意外事故发生。

（四）在极端灾害性天气发生时，如果发生危害事件，学校应迅速和有关部门联系，重点做好人员救助、伤员救治，以及损坏设施的抢修工作。

（五）学校要完善"学校—班级—家长—学生"一体化通信网络，保证在紧急情况下与家长联络畅通，以便采取有效措施，保证极端恶劣天气下的学生安全。学校要对外公布值班电话，方便学生和家长在气象灾害出现时咨询相关情况。

第五条　应急行动。

（一）全面排查校园安全隐患。

在极端灾害性天气过后，学校要及时检查校园，保证学生活动安全；加强校舍等安全隐患排查工作，及时对建筑物顶棚、校内公共场所（如校门、通道、楼梯、厕所、食堂、宿舍等）等区域的积雪进行清除，防止坍塌事故，并在重点区域采取设置安全警示标识等防护措施；要对化学药品储藏室，水、电、气等设施加强防护，防止因冰冻、渗水等造成安全事故。

（二）加强校内安全管理。

加强雨、雪、冰、冻等极端灾害性天气出现时的防滑工作，在校门口、校园通道及其他出入口处，设置防滑警示牌，铺设防滑材料。

加强与家长的联系，共同做好学生上学、放学途中的交通安全工作。切实加强学生的防火、防电、防煤气中毒、防窒息等安全教育。

第六条　严格执行值班制度。学校应严格执行值班制度，坚持领导在岗带班，保持24小时信息畅通，及时报告和迅速稳妥应对各类突发事件；加强校园巡查工作，确保信息畅通，严防极端灾害性天气引发安全事故。

第七条　高度重视，协调联动。学校要高度重视极端灾害性天气的防御防范工作，高度关注当地气象部门发布的灾害性天气预警信号，加强与相关部门的沟通协调，确保在极端灾害性天气发生前和发生时，第一时间响应，第一时间启动应急预案，第一时间采取疏散、停课等应对措施，保障师生生命和学校财产的安全。

第八条　强化应急处置。实行校长为防御防范工作第一责任人制度，制定极端灾害性天气防御防范工作方案，明确具体任务分工到人，确保防御防范工作不留死角；密切关注天气、水温的变化，坚决克服麻痹大意思想和侥幸心理，对低洼、易内涝和靠近河湖等区域要重点巡查，排查各类安全隐患。

第九条　加强宣传和信息反馈。学校要加强科普宣传，针对不同气象灾害的特点，通过气象科普知识专栏等多种方式，向师生宣传气象灾害防御知识，特别是做好学生防溺水工作宣传和防汛工作宣传；及时控制和妥善处理突发的极端天气事件，建立健全应急机制，提高快速反应和应急处理能力，确保学生和教职工的生命财产安全，保证正常的教育教学秩序，维护学校的稳定。

第二节　学生、教职工篇

一、课堂教学安全管理

第一条　课堂教学是学校工作的重中之重，为确保正常的教学秩序，杜绝各类安全事故的发生，学校应把课堂教学安全放在重要位置，全体任课教师都要遵守学校课堂教学安全制度。

第二条　按时上下课，做到不迟到、不早退、不中途离开、不拖堂。教师无故不按时到岗、提前下课及上课时离开教室而给学生造成伤害的，教师负全部责任。

第三条　在课堂教学中，任课教师要落实考勤制度，对缺席的同学要查明去向，并及时向班主任通报，课堂教学安全工作实行任课教师的责任制和责任追究制。

第四条　在课堂教学中，任课教师要落实安全教育制度，针对学生身体、思想、情绪、语言、操作、活动等方面的安全隐患，提前排查，及时教育，并采取有效措施，在出现突发情况时第一时间执行安全上报程序，避免发生安全事故。

第五条　严格执行教学计划，坚持按课表上课。教师在调课时未办理调课手续或已办理调课手续但未经教学管理部门同意而私自调课给学生造成伤害的，由调课后的任课教师负全部责任。

第六条　教师要循循善诱，不讽刺、挖苦学生，不体罚和变相体罚学生，尊重学生的人格。

第七条　上实训（实验）课的教师要组织好学生，高度重视并保证实训（实验）课的安全。

（一）任课教师要严格按照实训（实验）要求做好准备，对所用设备、工具、材料等要在课前检查并预先做一遍实验，确保安全有效，不得让过期变质及存在安全隐患的物品与器材进入课堂。

（二）任课教师要认真组织实训（实验）课的教学工作，必须做到以下几点。

（1）课前任课教师要对所做的实训（实验）熟练操作。

（2）上课前一定讲实训（实验）的要点和安全注意事项，以及处理安全事故的必要知识。

（3）任课教师必须对重要操作进行必要的示范和演示。

（4）任课教师必须在实训（实验）的整个过程中进行认真指导和全面监控，确保学生安全。

（三）要求所有学生必须严格遵守实训（实验）室管理制度及安全要求，严格遵守操作规程及实训（实验）步骤，不懂就问，有问题及时向任课教师报告。

第八条　到机房上课,任课教师必须亲自在 IT 楼前做好考勤,要求学生排队前往指定机房。因学生擅自进入机房而造成学生伤害事故的，任课教师负直接责任。

第九条　在临时安排的主题培训、主题教育、运动会等全校性学生活动期间发生学生伤害事故的，由受伤学生所属部门相关负责人和班主任负主要责任，学校活动直接组织者负组织责任。

第十条　因工作不力在课堂上引发安全事故的，任课教师负相应的责任，并与其绩效考核挂钩。

第十一条　体育课教学安全要求。

（一）预备铃一响，体育教师必须站在上课场地等待学生的到来，切实加强责任意识，对学生进行必要的安全教育。

（二）合理安排运动量和运动强度，要特别关注体质较弱学生和特异体质学生。

（三）上体育课时，严禁学生在衣服上别胸针、校牌，佩戴金属或玻璃装饰品及穿皮鞋等。

（四）因身体不舒服不能上体育课的学生，必须向体育老师请假，经体育老师同意后，在教学场地做适宜的活动或旁观；对于因特殊情况不能到场地的学生，班主任必须做好管理工作，坚决杜绝教室有学生，却无人知晓和管理的情况。

（五）如果体育课上发生学生呕吐、晕倒、受伤等突发情况，相关教师应立即采取以下处置措施。

（1）迅速通知校医、班主任和学校负责安全的领导。

（2）如果学生病（伤）情况较为严重，要立即拨打急救电话或送往就近医院进行诊治或抢救。

（3）班主任要及时将学生病（伤）情况通知学生家长。

（4）如有必要体育教师事后要及时写出现场情况书面报告，并上交学校。学校及时组织人员进行情况了解和性质认定。在教学过程中，体育教师必须自始至终做好学生的组织工作，保证学生在准备、学习、练习等环节均安全有序，不得出现学生散乱、教师离场等现象。

（六）体育部门要定期或不定期对学校的体育设施、器材进行安全检查，若发现不安全因素，要及时以书面形式报告总务部门，总务部门要及时对体育设施、器材进行维修或更新。

（七）对于上课不及时到岗或提前下课而造成学生伤害事故的，体育教师负全部责任。

第十二条 其他室外课教学安全要求。

（一）课间操组织学生入场，课间操由上操前一节课的任课教师负责，早操由班主任负责，因组织入场不当造成学生伤害事故的，由相应负责人负全部责任；在特殊天气学校不组织上操，由部门相关负责人管理学生，因管理不到位造成学生伤害事故的，由部门相关负责人负全部责任。

（二）学校在组织学生参加大型体育活动、体育锻炼、安全演练等室外活动时，必须坚持"学生为本、安全第一"的原则，要充分考虑天气、场地、设施、器材等方面的安全因素，一定要求学生做好充分的准备活动；对于所穿衣服、鞋不符合上课要求的学生，要求其予以更换，尽量避免意外伤害事故的发生；教师必须全程参与，精心组织，全程监控。

第十三条 学生到校外参加各类活动的安全要求。

（一）对于阶段性实习、社会实践、校外实训、基地实训、外出实践教学等，必须纳入教学计划；对于没有纳入教学计划的，原则上不予批准。因私自组织学生外出而造成学生伤害事故的，直接组织者负全部责任。

（二）直接组织者要在活动前制定详细的活动方案，要有专门的指导教师确保安全。对于以部门为单位的活动，相关部门要在活动前一周向相关职能部门上报活动方案，相关职能部门必须对活动进行安全审查，当活动条件不具备或存在安全隐患时，不予批准。

（三）直接组织者及班主任要在活动前对学生进行各方面的安全教育，尤其是对个别学生要做好思想工作，并采取切实可行的措施，保证学生的安全。

（四）由直接组织者亲自带队，每 10 名学生要配备 1 名教师负责学生的活动。

（五）直接组织者、负责教师要将手机等通信设备开通，能随时随地取得联系，确保联系畅通。

（六）学生在活动时要注意交通安全，自觉遵守交通法规，过马路时要走人行横道，自觉维护交通秩序，提高自我管理能力；在公共场所要遵守社会公德，增强安全防范意识，提高自我保护能力。

第十四条　责任追究。学校要成立课堂教学安全管理领导小组，对教师的安全责任进行认定，并追究造成学生伤害事故的任课教师的责任。

（一）任课教师及所属部门负责人必须马上到学生家里进行慰问，做出必要的解释，并向学校做书面检讨。

（二）取消任课教师当年评优、评先、岗位晋级、职称评定等资格。

（三）情节特别严重的，报上级行政主管部门备案，并与任课教师的年度考核结果挂钩。

二、课余时间安全管理

第一条　学校学生课余安全工作重在预防，进行有效的预防可以减少学生人身伤害和意外事故，从而加强学生的安全防护意识。

第二条　安全教育。学校要不断加强学生课余安全教育，结合实际情况、专业设置、年龄等因素，多措并举地开展各项宣传教育工作：一是通过采取案例分析、播放宣传视频等方式开展教育，内容包括课余游戏、运动等；二是开展学生课余安全主题班会，加强安全教育。

第三条　签订安全责任书。全校学生及家长每年与学校签订安全责任书，对学生应遵守的课余安全常识、家长应尽的监护义务等进行约定。

第四条　风险、隐患排查。学校要强化"隐患就是事故"的思想，坚持抓早、抓小、抓苗头的原则，加强课余安全风险、隐患排查，实现排查工作常态化、规范化、制度化。

第五条　学校要坚持"预防为主、防治结合"的原则，制定并落实学生课余安全管理制度，加强日常监管，彻底消除校内学生课余安全隐患。

课余时间是指在课堂时间之外的所有时间，包括早读前、课间、午休、下午放学后至晚自习前和晚自习后的时间。

（一）课余时间教室管理制度。

（1）遵照网格化属地管理原则，系室对所管辖教室的设备设施和学生安全全面负责，系室要安排教师对教室和学生活动进行巡视。

（2）连堂课课间由任课教师具体负责，维护好教室卫生、桌椅摆放、学生纪律，监管好教室内的教学设备、教学用具，具有危险性的教学用具由任课教师统一保管。

（3）在选修课、计算机课、体育课等跨系跨班课程的上课时段，系室要重点巡视跨系跨班上课的学生在课间的情况。

（4）班主任要对学生加强规矩意识、安全意识等方面的教育。

（5）在教室出现学生安全事故、故意损坏设备设施等情况时，应追究相关系室和教师的责任。

（二）课余时间实训（实验）室管理制度。

（1）在课余时间各系室要加强对实训（实验）室的巡视、检查和管理，设立实训（实验）室管理员，实训（实验）室管理员具体负责实训（实验）室的管理工作。

（2）实训（实验）室管理员要对学生进行实训（实验）室管理、使用等方面的教育，尤其是危险工具操作方面的教育。

（3）实训（实验）室管理员要在课余时间检查实训（实验）室的水、电、实训设备是否正常、安全，做到课间巡视管理，课后及时断电、关好门窗。对于危险物品及工具，应该做到单独重点管理。

（4）实训（实验）课任课教师在连堂课时要全面负责连堂课课间实训（实验）室的学生管理，做到课间不离开、危险工具及时统一保管、监管学生行为。

（5）如果在课余时间实训（实验）室出现学生安全事故、故意损坏设备设施等情况，要追究系室、实训（实验）室管理员和任课教师的责任。

（三）课余时间教学区管理

（1）遵照网格化属地管理原则，系室对所管辖教学区内的场地、设备设施和学生的安全全面负责，系室要安排值班教师对相应区域进行巡视管理。

（2）班主任要加强学生在教学区楼道、楼梯、卫生间、水房等区域的安全教育。

（3）各系值班教师要加强对早读前、午休时、下午放学后至晚自习前和晚自习后等时段的巡视管理。

（4）如果课余时间在教学区内出现学生安全事故、故意损坏设备设施等情况，要追究系室及值班人员的责任。

（四）课余时间公共区域管理制度。

（1）各系各班要加强学生课余时间在公共区域参加各项活动的安全教育，及时转发学校相关安全提示。

（2）凡是学校在课余时间在校内公共区域组织集体活动时，各系各班教师要全程参与、精心组织、全程监控。

（3）学生管理等相关部门要对在公共区域活动的学生加强安全及卫生方面的巡视、检查、教育和管理，必要时发布校园广播进行提示。

（4）学生管理等相关部门在课余时间要加强对重点区域的检查，如学校主要道路、公共卫生间、操场、体育馆、篮球场等区域，发现问题及时纠正并通报各系各班。

（5）如果课余时间在公共区域内出现学生安全事故、故意损坏设备设施等情况，要追究系学生管理等相关部门，以及各系各班相关人员的责任。

（五）课余时间生活区管理

（1）各系各班要加强学生课余时间在生活区的各项安全教育，

及时转发学校相关安全提示。

（2）学生管理等相关部门要进行巡视管理，重点检查学生在就餐、购物、充值、充电、取现等行为中是否做到有序排队，不争抢、不打闹。

（3）学生管理等相关部门要重点对学生食堂、超市、浴室、宿舍、理发店、热水房等区域进行巡视及管理，发现问题及时纠正并反馈给相关系室和职能部门。

（4）学生管理部门及各系共同重点管理学生在宿舍楼内的安全及活动，学生发展中心要负责宿舍管理员的培训、管理及聘用。学生管理部门还要安排专人分管宿舍工作。

（5）宿舍管理员要加强对宿舍楼内各项安全设备设施的检查与巡视，凡学生在宿舍期间，所在楼层的宿舍管理员要加强巡视，教育学生遵守宿舍各项管理规定，发现问题及时上报学生管理部门。

（6）如果课余时间在生活区内出现学生安全事故、故意损坏设备设施等情况，要追究相关职能部门及系室的责任。

第六条　强化应急处置。学校要及时控制和妥善处理突发的课余安全事件，建立健全应急机制，提高快速反应和应急处理能力，确保学生的生命安全，保证正常的教育教学秩序，维护校园及其周边的稳定。

第七条　成立课余安全事件应急工作小组。学校应成立指挥、疏散、抢救、警戒、联络、救护、保障、舆情处置、家长接待等要素齐全的课余安全事件应急工作小组，明确小组人员及其职责、现场处置及救援措施、事故报告及现场保护、应急保障措施等内容，确保在发生课余安全事件时，能够及时、准确、有条不紊地控制和缩小事件影响，有效地开展救援工作，减少学生伤亡，减少课余安全事件带来的损失。

第八条　妥善处置课余安全事件。学校应根据学生课余安全应急预案的流程，妥善处置课余安全事件，安抚受伤学生及其家长，按要求向上级报送信息。

第九条　事件总结、追究责任。学校要调查课余安全事件，明确责任人，做好事件教训总结工作，根据学校制度严肃追究相关责任人的责任。

三、体育运动安全管理

第一条　为防范体育安全隐患，保障体育活动的顺利进行，使学生在健康、安全的环境中更好地掌握体育知识、技能，学校应特别重视体育运动安全管理。

第二条　加强思想教育，增强防范意识。中职生好胜心强，经验不足，在思想上容易麻痹大意，缺乏预防事故的意识，教师要教育学生树立"安全第一"的意识。

第三条　完善活动设施建设和管理。运动场地要保持平整，不应有坑洼、石块等，地面不宜太硬、打滑，球架、球门要定期检修。

第四条　教学和训练、竞赛活动必须精心设计、严密组织、严格要求。

（一）建立良好的教学秩序，重视课前准备。体育教师、学生应着装规范，必须穿运动服装上课，学生不准穿皮鞋、高跟鞋、凉鞋上课，女学生不准穿裙子上课。

（二）严密组织教学，加强纪律教育。体育教师必须反复地向学生进行遵守纪律、遵守常规、服从组织、遵守游戏规则等方面的教育。

（三）培养学生自我保护、相互保护的意识。

（四）规定合理的运动量，注意区别对待。在运动量的掌握上，体育教师要随时注意学生的生理反应，进行合理调整；对于病痛、体弱、伤残的学生，体育教师要及时关心。

第五条　重视准备活动，加强医务监督。体育教师应根据上课内容和天气情况决定准备活动的内容，严禁不做准备活动就进入体育活动，准备活动要充分、有针对性；学生应掌握自我医务监督的常识。

第六条　体育教师必须认真检查体育设施和器材的安全状况，积极做好学生的运动安全教育工作，包括体育设施和器材的安全使用、对意外事件的安全提示等。

第七条　体育教师必须严格执行学校体育教学相关规定，按照体育锻炼与安全卫生相结合的原则组织教学工作，加强教学安全意识；根据教授项目和内容的特点，有针对性地在课堂教学中提醒学生注意安全，并积极做好相关防护措施，以防运动损伤等情况出现。

第八条　体育教师要及时了解学生的健康状况，认真听取学生对自身身体状况的说明，依据教学大纲的基本要求并结合学生的实际情况，对因患疾病或遇特殊情况不适宜进行较剧烈活动的学生做出相应的教学调整和安排；学生因病请假，须持医师诊断证明到体育教师处请假、备案。

第九条　学生在上体育课时必须遵守纪律，听清体育教师关于课堂体育活动应注意的事项，服从体育教师的安排和体育干部的调配，不做与该课无关的事，不得擅自进行体育教师没有布置的活动项目。

第十条　在进行包括铅球、实心球、垒球在内的田赛项目锻炼时，场内、场外学生必须服从体育教师的安排，在指定的位置站立，注意安全，做到思想不开小差、一切行动听指挥。

第十一条　在练习具有危险性的体育项目时，学生必须注意自我保护，在无教师指导和保护时，学生不能自行练习。

第十二条　体育教师不得随意离开教学课堂，必须全程指导学生练习；课后要将器材按时归还体育器械保管室，完成相关的交接手续。

第十三条　因病、因事不能进行体育练习的学生要请假，病假须具备县级及以上级别医院的证明，事假须有班主任证明。学生在请假后由体育教师安排进行课堂见习。

第十四条　体育教师作为体育运动安全责任人，负责上述安全教育，需要在每学期初对学生进行专题安全教育，学校应将体育运动安全内容写入安全责任书。

第十五条　课外体育活动要在指定场地进行，学生在参加课外体育活动时不能到处乱跑，影响其他班级的活动，严禁学生之间争执、吵闹，甚至斗殴。

第十六条　学生要爱护学校的体育器材、场地，遵守体育道德，在体育活动完成后要及时将体育器材归还学校。

第十七条　学生在体育锻炼过程中发现意外情况要及时报告体育教师。

第十八条　在举办比赛时，全体学生必须遵守体育比赛或运动会的规则，服从体育教师及工作人员的安排，不进入危险区域，在指定的区域观看比赛。

第十九条　参赛学生需要提前告知家长并让其签署家长知情同意书，购买比赛当天的意外保险，在报名时出示相关证明及材料。

第二十条　在参加室内比赛时，要做好应对火灾、地震等的紧急处理措施。带队教师需要对比赛场地及安全通道熟悉，并提前做好安全撤离预案。在参加室外比赛时，要做好应对不良天气的准备，并合理采用处理方法。

第二十一条 在突发事故时，体育教师要保持镇静，沉着应对，应立即向应急处置组组长报告，并组织学生施救或自救，努力将人员伤亡减少到最低程度。

第二十二条 学生要学会自我监督，随时注意身体状况的变化，若有不良症状要及时向体育教师反映情况，以采取必要的保健措施。患病、带伤学生应先调养或遵照医嘱参加与自己身体相适应的锻炼，禁止进行剧烈运动或参加比赛。

第二十三条 在场人员发现险情后要及时报告在场教师、医务室工作人员和班主任，在情况复杂时还应及时报告学校领导；有关教师应立即到达现场，了解伤者情况，判断伤情，先行急救；遇到重伤的或不能判断伤情的，应及时送医院检查或拨打 120，并及时通知家长或其他监护人，以便做出救治决定，同时做好安慰工作。

第二十四条 如果未第一时间到场，需要仔细了解事故发生的经过，调查事故发生的原因，做好有关记录并保护现场，采集有关证据，以便对事故处理做到事实清楚、责任明确。

第二十五条 可能出现的事故及其处理方法。

（一）中暑。首先将患者转移到低温、通风良好的地方，脱去患者衣物，用冷水给患者擦拭，或者给予冰浴，使患者的体温快速下降。如果患者能口服东西，给予口服补液盐，防止脱水并及时送医。如果患者出现重度中暑的症状，要立即送至医院。

（二）晕厥。如果发现有人晕倒了，急救方法包括：①令患者平卧，可以加快脑部的血液回流，缓解脑部供血不足，有助于促醒；②拍打患者，如果患者还没有意识，马上拨打 120，请求医护人员的帮助；③用手指触摸患者颈部的颈动脉，看有没有搏动，并且判断患者有没有呼吸，如果两者都没有，马上进行心肺复苏。

（三）扭伤。在关节扭伤后应立即制动，禁止患肢负重，如果是腰肌扭伤，则应该卧床休息。在制动的同时，可对扭伤部位进行冰敷，冰敷有利于止痛和消肿。因扭伤可导致骨折，所以扭伤后应到医院拍片检查，排除有无骨折。

（四）挫伤。当皮肤有挫伤时，最好进行消毒，尤其是皮肤表面破裂或有伤口时；消毒可以用医用酒精擦拭患处，也可以用生理盐水冲洗患处；如果伤口较大或出血，可以简单地用纱布包扎。

（五）骨折。骨折后首先应该有效制动，减轻骨折端在活动时所造成的进一步损伤；如果是四肢骨折，可以用棍棒作为辅助物来临时固定骨折端；如果是脊柱骨折，则要让患者平卧于硬板床或担架上，要平抬患者的头、胸、臀部及腿四点，避免弯曲造成脊柱的进一步损伤，翻身时要轴位翻身，保持肩膀和臀部同步，避免脊柱扭曲旋转；如果骨折处皮肤破损，可用干净布块或衣物临时包扎止血。

（六）低血糖。发现低血糖患者，应立即让其口服葡萄糖，如果患者不能口服葡萄糖，则立即开通静脉通路，静滴葡萄糖注射液，快速升高血糖；如果发现患者正在服用胰岛素或其他降血糖的药物，应立即让患者停止服用上述药物；如果患者能进食，则让患者自行进食，特别是吃一些含糖量比较高的食物；低血糖患者容易反复出现血糖低的情况，因此需要监测血糖。

四、岗位实习安全管理

第一条　岗位实习是中职学校人才培养方案的重要一环，岗位实习安全重在早宣传、早教育、早预防。岗位实习管理教师要对学生加强思想政治、法律法规、管理制度、交通安全、生产安全、劳动纪律、职业道德、心理健康、水电火灾、传染病防控等方面自救自护的宣传教育，加强学生在岗位实习期间的自我防护意识，确保岗位实习管理工作安全有序地进行。

第二条 为保障岗位实习学生的基本权利和安全，严格落实教育部等八部门联合印发的《职业学校学生实习管理规定》（以下简称《规定》），学校应依法依规进行岗位实习安全管理工作，不得有以下情形：

（一）安排一年级在校学生进行岗位实习；

（二）安排未满 16 周岁的学生进行岗位实习；

（三）安排未成年学生从事《未成年工特殊保护规定》中禁止从事的劳动；

（四）安排实习的女学生从事《女职工劳动保护特别规定》中禁止从事的劳动；

（五）安排学生到酒吧、夜总会、歌厅、洗浴中心、电子游戏厅、网吧等营业性娱乐场所实习；

（六）通过中介机构或有偿代理组织安排和管理学生的实习工作；

（七）安排学生从事Ⅲ级强度及以上体力劳动或其他有害身心健康的实习；

（八）安排学生从事高空、井下、放射性、有毒、易燃易爆，以及其他具有较高安全风险的实习；

（九）安排学生在休息日、法定节假日实习；

（十）安排学生加班和上夜班；

（十一）强制安排学生到指定单位实习，以营利为目的违规组织学生实习；

（十二）安排未经教育培训或未通过考核的学生参加实习；

（十三）未按规定签订实习协议安排学生实习。

第三条　为了加强学生的岗位实习安全管理，切实保障学生的人身安全和合法权益，使岗位实习工作顺利开展，学校应根据《学校岗位实习管理办法》制定《岗位实习安全管理规定》，树立"安全第一"的意识，重视对学生岗位实习安全管理的组织领导，加强学生的安全防范意识。

第四条　岗位实习前期安全教育。学校应按照人才培养方案的要求，制订各系岗位实习计划，加强学生岗位实习安全教育，结合学校岗位实习文件的要求，多措并举地开展各项岗位实习安全宣传教育工作。

（一）将岗位实习安全教育前置，有机地融入职业指导课程中，通过案例分析，增强学生的岗位实习安全意识。

（二）各系在岗位实习前至少开展一次学生岗位实习安全培训，培训内容包括职业道德教育、交通安全教育、人身安全教育等。

（三）各班以线上或线下形式至少召开一次岗位实习家长会，通报学校岗位实习的计划安排、目的意义、实习流程，以及岗位实习管理规定和具体要求，实现学校、家庭、企业的共同管理。

第五条　学校应根据岗位实习工作方案的要求，严格按照申请流程办理相关手续，落实岗位实习安全主体的责任，按照"部门监管、系室主抓、失职追责"的原则，建立健全岗位实习安全管理责任制，层层签订安全责任书，层层传导压力，层层压实责任。

（一）班主任在学生进行岗位实习前提交《学校岗位实习计划》，必须有岗位实习安全的内容。系室可参照相应模板，根据本系专业具体情况完成，并提交给主管岗位实习工作的部门和主管教学工作的部门备案（电子版和纸质版）。

（二）系室按照岗位实习工作流程，办理学生实习前的各种手续，并提交给主管岗位实习工作的部门留档备案。

（1）各系室在学生参加岗位实习前必须向学校提出申请，将岗位实习家长知情同意书和岗位实习申请表一并交给主管岗位实习工作的部门留存（电子版和纸质版）。

（2）自主实习（学习）的学生必须向学校提出申请，并将自主实习（学习）证明、自主实习（学习）家长知情同意书及岗位实习申请表交给主管岗位实习工作的部门留存（电子版和纸质版）。

（3）学校根据系室提出的申请进行审批，在学校批准后，系室方可安排学生进行岗位实习或自主实习（学习）。

（4）在学校审批完成后，各系室凭岗位实习申请表到主管岗位实习工作的部门领取实习材料，由实习指导教师协助学生办理实习手续。手续办理不全或不齐的学生，不得参加岗位实习或自主实习（学习）。

（三）按照"管业务也要管安全"、"谁主管谁负责"和"谁的人谁负责"的原则，学校应严守岗位实习基本规范，加强岗位实习日常管理，始终把安全放在第一位。

（1）落实学校实习保险制度，做到无保险不实习。为保障学生的人身安全和基本权益，严格落实文件要求，学校应为学生统一投保实习责任保险或满足学生实习需求的意外伤害保险，实现学生岗位实习保险全覆盖。学生实习责任保险的费用可按照规定从学费中列支，免除学费的可从免学费补助资金中列支，不得向学生另行收取或从学生实习报酬中抵扣。学校与实习单位达成协议由实习单位支付学生实习责任保险投保经费的，实习单位支付的投保经费可从实习单位成本（费用）中列支。

鼓励实习单位为实习学生购买意外伤害保险，投保费用可从实习单位成本（费用）中列支。

学生在实习期间受到人身伤害，属于保险赔付范围的，由承保保险公司按保险合同赔付标准进行赔付；不属于保险赔付范围或超出保险赔付额度的部分，由实习单位、学校、学生依法承担相应责任；学校和实习单位应当及时采取救治措施，并妥善做好善后工作和心理抚慰。

（2）在确定新增实习单位前（包括学生自主实习的企业），各系室必须实地考察并形成书面报告，确保实习单位合法经营，无违法失信记录，管理规范，近 3 年无违反安全生产相关法律法规的记录，与学校有稳定合作关系，有较高的诚信度、安全性和可靠性。考察内容应当包括：单位资质、诚信状况、管理水平、实习岗位性质和内容、工作时间、工作环境、生活环境，以及健康保障、安全防护等。在考察结束后，各系室将《岗位实习单位考察报告》交给主管岗位实习工作的部门备案（电子版和纸质版）。

（3）学生在进行岗位实习前，必须由实习指导教师协助完成相应手续，包括岗位实习审批单、三方协议、岗位实习家长知情同意书、岗位实习安全协议书、岗位实习责任书等材料。

（4）落实"日汇报"安全制度：实习指导教师每天了解学生的实习和安全情况并在实习管理微信群汇报学生的在岗情况和安全情况。

（5）落实"周联系"安全走访制度：实习指导教师每周通过电话、视频、见面等方式至少与实习学生联系一次，掌握学生的实习动态，填写岗位实习管理周工作检查表，于每周五下班前提交给主管岗位实习工作的部门（电子版和纸质版，需要签字）。

（6）落实"月见面"安全教育制度：实习指导教师每月至少与实习学生见一次面，掌握学生的实习情况，加强走访和排查，定期对学生进行安全教育；在重大节日或活动日期间，进行专题性安全教育，发现安全隐患及时上报部门主管领导，快速处理，如遇重大安全事故，需要由部门主管领导上报主管岗位实习工作的部门，认真填报岗位实习学生安全教育材料（需签字），纸质版需要交给主管岗位实习工作的部门存档；对自主实习的学生也要进行跟踪了解，填写相关安全教育记录。

（7）各系室实习负责人必须掌握实习学生的异动信息，第一时间填写岗位实习月统计报表，在每月 21 日 17 点前提交给主管岗位实习工作的部门（电子版），主管岗位实习工作的部门实时进行岗位实习动态监控。

（8）各系室实习负责人和实习指导教师应定期走访学生的实习单位，了解学生的实习情况，协助解决学生在实习过程中遇到的问题和困难，对学生进行全方位实习指导，特别是安全方面，并认真填写岗位实习走访记录表；同时加强与企业的沟通，维护学校与企业的良好合作关系，共同构筑起实习学生的安全屏障。

（9）实习指导教师应认真指导学生填写《学生实习手册》，确保内容翔实、规范完整、字迹清晰；在实习结束后，将《学生实习手册》《实习指导教师手册》交给主管岗位实习工作的部门存档。

第六条 岗位实习学生的住宿安全保障。学校组织学生进行岗位实习，应当安排学生统一住宿。具备条件的实习单位应当为实习学生提供统一住宿。学校和实习单位要建立实习学生住宿制度和请销假制度。学生申请在统一安排的宿舍之外住宿的，须经学生法定监护人（或家长）签字同意，在学校备案后方可办理。

第七条 按照教育部等八部门联合印发的《职业学校学生实习管理规定（2021 年修订）》的要求，做到科学、规范、有序地开展突发事件的预防控制工作，保障岗位实习正常进行，学校应依据

《岗位实习管理安全工作应急预案》，成立岗位实习管理突发事件应急领导小组和工作小组，全面做好学生岗位实习安全管理工作。岗位实习管理突发事件应急领导小组和工作小组具体负责突发事件应急预案所有事宜，建立健全岗位实习安全事件报告与响应机制，明确职责分工，第一时间进行现场处置、事故报告、现场保护、应急救援等措施保障，减少学生人身伤亡，最大限度地减少安全事故造成的损失，控制事件影响。对于领导不力、处置不善、推诿懈怠、延误救援等渎职、不作为者，学校将依法依规对其进行相应处理。

第八条　违反《职业学校学生实习管理规定》组织学生实习的系室，由学校主管部门责令改正。拒不改正或管理混乱，并造成严重后果、恶劣影响的，对直接负责的主管人员和其他间接责任人依照有关规定给予处理；因工作失误造成重大事故及负面影响的，应当依法依规追究相关责任人的责任。

五、重点学生管理

特异体质学生

第一条　学校特异体质学生的安全工作，重在保障特异体质学生的身体健康和生命安全，有效预防和减少特异体质学生的人身伤害和意外事故，维护正常的教育教学秩序。

第二条　学校应建立以校长为组长的特异体质学生管理组织机构，多措并举地做好特异体质学生管理工作。

（一）学校卫生管理部门是特异体质学生安全工作的管理、监督部门，负责学校特异体质学生的筛查、汇总、建档、追踪、反馈，以及制定特异体质学生安全协议书。

（二）各系主任是本系特异体质学生的第一主管责任人，全面负责本系特异体质学生的健康管理工作。

（三）各系德育主任是本系特异体质学生的直接主管责任人，具体负责本系特异体质学生管理工作的汇总、建档、追踪、反馈，并收集好特异体质学生安全协议书，按时上报学校卫生管理部门。

（四）各班班主任是本班特异体质学生健康管理工作的直接责任人，负责本班特异体质学生的建档、追踪、反馈等工作，签订特异体质学生安全协议书，随时向卫生管理部门上报特异体质学生的身体状况。

（五）任兼课教师是特异体质学生的管理者之一，要掌握所任教班级特异体质学生的情况，时刻关注，发现问题及时反馈。

第三条 明确工作内容，推进工作落实。

（一）卫生管理部门。

（1）制定学校特异体质学生管理办法，收集全校的特异体质学生安全协议书并存档。

（2）对学校特异体质学生筛查、汇总、建档、追踪。

（3）提供系室特异体质学生名单，提出就诊建议。

（4）约谈特异体质学生及其家长，厘清责任。

（5）定期与特异体质学生见面，全面掌握特异体质学生的身体状况。

（6）定期与特异体质学生的德育主任、班主任、体育教师交流沟通，预防事故的发生。

（二）专业系室。

（1）了解本系室各班特异体质学生的情况、既往病史等，对了解的情况进行详细登记。

（2）约见特异体质学生及其家长，将学校的相关情况和要求告知他们，共同关注特异体质学生的身体状况；与特异体质学生及其家长签订特异体质学生安全协议书；将特异体质学生的身体情况及时告知相关教师、活动组织者和实施者，以便采取相应措施。

（3）随时与相关班主任、教师沟通，全面掌握特异体质学生的身体状况。

（4）在开展活动前，发函致家长，要求家长填写意见反馈单，特别是了解学生的身体状况，以便做好安排。

（三）班主任。

（1）建立特异体质学生档案，全面了解特异体质学生的身体状况。

（2）约谈特异体质学生及其家长，了解特异体质学生的身体情况，与其签订特异体质学生安全协议书。

（3）在每学期开学初主动向任兼课教师说明特异体质学生的情况。

（4）每天对特异体质学生进行追踪并做好记录。

（5）每周向卫生管理部门提交本班特异体质学生的追踪记录。

（6）随时与卫生管理部门联系，沟通本班特异体质学生的在校身体状况。

（7）在发现特异体质学生出现疾病或不适症状时，应立即采取应急措施，防止出现更大的危险。

（8）在开展活动前必须对特异体质学生及其家长进行提醒和告知，内容包括：

① 因病不能参加的活动；

② 因病、因特异体质、因生理现象可以参加但需要降低强度的活动；

③ 对于的确需要降低强度的活动，班主任要将名单及时提交给活动组织者和实施者；

④ 要求因病不能参加活动的学生写出书面报告，要求因病、因特异体质、因生理现象可以参加活动但需要降低强度的学生写出书面申请，班主任要保存好报告与申请。

（9）时刻关注班级特异体质学生的身体状况，及时将特异体质学生在校的身体状况告知家长，及时将特异体质学生的身体状况告知负责本班教学任务的教师。

（10）对于中途转入或插班的特异体质学生，必须了解其身体状况，并如实填写学生防病告知书，做好记录。

（11）要求特异体质学生及其家长及时准确地将学生的身体情况告知学校，必要时要出具证明。

（12）教育特异体质学生在活动中如果身体出现不适应立即报告。

（13）若特异体质学生的身体状况出现异常，应立即拨打120，并在第一时间与校方和家长联系，保障特异体质学生的生命安全。

（四）任兼课教师及体育教师。

（1）在上课及组织学生活动时要随时关注特异体质学生的身体状况。

（2）发现特异体质学生的身体状况出现异常，必须立即组织施救。

（3）及时上报学校卫生管理部门及相关专业系室。

（五）招生就业与合作办学办公室。

（1）在招生报名及宣传咨询中及时了解特异体质学生的情况。

（2）在录取新生时，认真审视特异体质学生的体检信息。

第四条　组织实施。

（一）全面审查，摸清情况。在开学时和必要时对所有学生进行一次全面的身体健康状况调查，主要调查学生的特异体质情况，如先天性心脏病、癫痫、肺结核、高血压、胃溃疡、哮喘、肺炎、肾炎、精神病、伤残等。

（二）详细登记，分别对待。通过向学生了解、发放学生防病告知书等方式加大宣传教育力度，动员学生及其家长如实填写学生防病告知书，对患有疾病的情况进行详细登记；和特异体质学生及其家长签订安全协议书；对于患有特定疾病的学生，不组织他们参加不适宜的劳动和活动。

（三）建立档案，跟踪了解。进行特异体质学生的筛查，按照有关规定建立特异体质学生档案，跟踪管理，在集体活动中或体育课上对特异体质学生加以照顾；同时建立特异体质学生信息安全通报制度，如果有特异体质学生的家长强烈要求其孩子参加学校组织的相关活动，必须有书面告知学校的材料，班主任或相关负责人要对家长说明危险性及其所承担的责任。

（四）加强教育，有效干预。充分利用学校心理健康中心、心理协会等开展多种形式的心理卫生活动，对特异体质学生的一般问题给予指导、诊断和帮助，及时消除其心理障碍；同时采取与特异体质学生谈话、家访等形式，随时掌握他们的思想动态，为帮助他们提供有效保障。

心理异常学生

第一条　学校心理异常学生的安全工作重在保障在校心理异常学生的心理健康和生命安全，有效预防和减少人身伤害和意外事故，维护正常的教育教学秩序。

第二条　学校应成立心理异常学生筛查工作组,在每学期初对全校学生开展心理筛查。

(一)新生班班主任指导。

为将工作落到实处,心理健康中心要对新生班班主任进行心理危机普查与心理危机筛查工作培训,重点培训心理普查问卷填写及相关说明。在普查后,心理健康中心将学生心理健康普查统计数据反馈给各系、各班主任,各系、各班主任进行重点学生心理危机筛查工作,填写《学生心理危机筛查及干预反馈表》。

(二)老生心理异常筛查工作。

在每学期初各班班主任认真对本班学生进行心理危机筛查(详见《学生心理危机筛查工作说明》),在筛查后填写《学生心理危机筛查及干预反馈表》。

(三)学生心理异常筛查反馈及档案建立。

各系室负责将筛查出的心理异常学生进行统计,并填写《学生心理危机筛查及干预系室统计表》,建立心理危机干预学生档案。

第三条　心理异常学生干预流程与相关人员的工作职责。

(一)筛查和建档:在学期初心理健康中心利用专业心理量表(SCL-90)开展心理健康普查;在普查的基础上,心理健康中心、班主任通过采取访谈、家访等调查手段进行筛查,对在普查和筛查中发现的心理问题严重、有自杀倾向或有精神障碍的学生,建立心理危机重点关注学生档案并存档,同时将这些学生的情况告知其家长。

(二)跟踪管理和心理辅导:对于筛查出来的心理异常学生,心理健康中心与各系、各班密切配合,为其提供必要的心理辅导或有针对性的心理咨询;各系、各班应为心理异常学生营造关心、友爱的学习和生活氛围,重点关注他们学习和生活中的重大事故,及时掌握并记录在案，每月向心理健康中心及学生家长反馈其心理健康状况。

（三）心理异常苗头的发现和确认：心理健康中心在接到班主任提交的心理危机重点关注学生档案后，及时提出心理危机干预的建议方案并报主管领导决策。对于即将或正在发生的心理危机事件，心理健康中心、系室领导及班主任应在第一时间赶赴现场并组织开展事件干预工作，同时对事件的起因、发展后果进行评估。

（四）干预的具体实施：心理健康中心对心理异常学生进行紧急疏导；班主任在第一时间通知学生家长，并做好学生家长到校的接待工作；系室领导与学生家长协商心理异常学生的相关处置，建议家长带领学生尽快就医，并与学生家长签署心理异常学生的处置协议，处置协议由系室和心理健康中心进行存档。经医院诊断有以下症状的学生应做休（退）学处理：

（1）对于病情严重、必须摆脱压力环境的学生，可视情况做休（退）学处理；

（2）对于精神分裂、抑郁症、情感性精神障碍等精神疾病发作的学生，应做休（退）学处理。

对于有自杀企图或行为的学生，应采取如下措施：

（1）系室和班主任立即安排不少于 3 人的监护组，实施 24 小时监护，确保当事学生的生命安全，并及时通知家长到学校；

（2）系室、安全办、总务处采取各种保护措施最大限度地减少教室、实训（实验）室、宿舍、事件现场等的各种不安全因素；若危机正在发生，心理健康中心、学生管理部门、卫生管理部门的人员应及时赶到现场负责现场秩序和救护工作；

在危机解除后，对于当事学生，视情况让家长带回家休息或做休（退）学处理。

（五）危机事件的善后处理：在心理异常学生恢复校园正常学习生活时，应由家长持正规医院的诊断证明和复课证明提交系室，系室提交心理健康中心，经心理健康中心评估后报送学校领导，在学校领导审批后，心理异常学生方可返校复课。在心理异常学生返校后，系室、班主任应特别注意其学习与生活，安排班级学生干部、同学以妥善的方式对其进行密切关注，了解其心理情况，遇到情况及时向系室领导和心理健康中心报告。

第四条　以人为本，减少危害。高度重视学生的生命权和健康权，把保障学生的生命安全和人身健康作为首要任务，最大限度地减少人员伤亡。

第五条　教育引导，有效干预。加强对广大学生的心理健康教育，心理健康中心、班主任对学生的一般问题要给予指导、诊断和帮助，及时消除其心理障碍。

第六条　加强自查，预防为主。增强忧患意识和责任意识，坚持预防为主，系室、班主任要认真组织学生进行一学期一次的心理健康普查，心理健康中心、班主任要认真做好心理异常学生的筛查、建档与追踪管理。系室要建立明确的危机报告制度和顺畅的报告渠道，做到学生心理问题的早发现、早预防和早干预。

第七条　落实责任，严肃追责。加强组织领导，落实责任追究制，加强责任意识和使命意识，领导小组负责学生心理危机事件的指挥与统筹，心理健康中心负责具体协调与应急处置，系室领导为处理学生心理危机事件的第一责任人，德育主任为直接主管责任人，班主任为直接负责人，全校形成统一指挥、协调联动、运转高效的应急管理机制。对于因主观不作为而导致的心理危机事件，视情况对主管领导或当事人追究责任。

（一）因工作制度不落实、保障不力而导致心理危机事件发生的，将追究主管领导的责任；

（二）接到心理危机报告没有及时上报或没有布置干预工作而导致心理危机事件发生的，将追究当事人的责任；

（三）在心理危机事件处理过程中，因不服从协调部门的指挥、不配合工作或不及时到达现场等而导致心理危机事件发生的，将追究当事人的责任。

六、师德师风管理

第一条　高度重视师德师风安全，建设一支高素质的教师队伍。学校应推动师德师风建设工作，进一步促进教育事业的健康发展，促使教师自觉贯彻执行党的教育方针，认真履行工作职责，教书育人、敬业奉献，克服职业倦怠，树立良好形象。

第二条　定期开展师德师风自查工作。

（一）每位教师认真阅读并签署师德承诺书，并且严格执行。

（二）每学期每位教师依据师德承诺书从爱岗敬业、关爱学生、遵守公德等方面进行师德师风自查，在自查的基础上撰写师德师风自查小结，内容包括教书育人工作开展情况、存在的问题、整改措施或下一步打算。

（三）教师应关注学校在校园管理、制度建设、教师培养、学生管理等方面存在的问题并及时反馈，为学校师德师风建设工作献策献计，促进健全师德管理各项制度，构建学校师德教育的长效机制。

（四）学校应定期开展师德师风警示教育活动。

（五）学校应结合教师的自查情况进行梳理，制定整改方案并及时改进。

第三条　定期开展师德师风学习与培训，形成学习机制。

（一）定期组织全体教师参加师德师风学习与培训。学校应以在全国各地教育系统中发生的严重违反师德师风的典型案例为反面教材，对教师进行教育；结合实际，认真自查学校和教师在师德师风、教育教学等方面存在的问题；督促教师进一步端正教育态度，查出工作中存在的问题，对于查出的问题，深刻剖析其产生的思想根源和主观因素，立即进行纠正。

（二）学校应组织教师深入学习《中华人民共和国未成年人保护法》《中华人民共和国教师法》《中华人民共和国义务教育法》《关于加强和改进新时代师德师风建设的意见》《新时代中小学教师职业行为十项准则》《中小学教育惩戒规则（试行）》等教育政策法规，提升教师的自律性，使其严格监管个人行为，并在全校建立相互监督机制，帮助每一名教师真正成为"四有"好教师。

（三）持续开展教师职业理想教育。学校应广泛宣传师德师风建设先进典型和模范教师先进事迹，大力弘扬爱岗敬业、为人师表、教书育人的优良思想品德，营造师德师风建设的良好氛围；鼓励教师树立远大的职业理想，热爱教育，热爱学生，淡泊名利，志存高远，做到静下心来教书、潜下心来育人，自觉坚持社会主义核心价值观，带头实践社会主义荣辱观，树立高尚的道德情操和精神追求，甘为人梯，乐于奉献，努力做受学生爱戴、让人民满意的教师。

第四条　建立健全师德师风教育与考核工作机制。

（一）加强领导，明确责任。学校应成立师德师风警示教育领导小组，组织相关教育活动并开展师德考核。

（二）建章立制，规范实施。学校应切实加强制度建设，重点修订完善民主决策、校务公开等制度，用有效、管用的制度规范党员干部和教师的行为，形成不断推进师德师风及廉政建设的长效机制。

（三）建立健全师德师风监督考核机制。学校应定期开展师德师风考核工作，并将师德师风考核结果纳入教师管理考核，实行师德师风"一票否决制"，将师德师风表现作为教师考核评价的必要条件，将考核结果作为教师职务评聘、评奖、评优、任用的重要依据。

第五条　做好应急处置工作。在师德师风事件的应急处置工作中，第一个接警者为该事件的第一责任人和第一执行者。第一责任人要以学校利益、师生利益为重，无条件地承担控制险情、抢救和报警的任务。

七、大型集体活动安全

第一条　学校应高度重视师生集体活动安全，及时、迅速、高效、有序地处理校园各类突发事件，保障学校全体师生的生命财产安全；结合实际情况，做到对事态快速反应、果断处置、控制局面，切实保障师生安全和正常的教育教学秩序。

第二条　学校开展的大型集体活动是指由学校组织师生（50人以上）参加的体育比赛、文艺汇演、科技活动、实践调查、参观学习等校内外集会及集体活动。

第三条　学校大型集体活动审批程序。

（一）实行分级审批。班级小组性质的校内活动由所在年级主任审批；全班性或年级性校内活动由校级领导审批；校外或跨区大型集体活动由区教委审批。

（二）具体审批程序。活动发起人或所涉及班级班主任、系室领导研究本次大型活动的可行性；在认为本次大型活动确实可行后，制定活动实施方案与安全预案，报学校签字盖章，并安排专人负责安全工作；由学校向上级教育主管部门申请，在申请通过后方可实施。

第四条　管理措施。

（一）全体教职工要以高度的责任心对每个学生的安全负责。大型集体活动的安全管理要以"完备预案、严格申报、全程关注、确保安全"为指导思想，按活动路线分为校内和校外两条线，按规模大小分为大规模和小规模，分别落实管理职责，确保活动安全。

（二）建立活动安全管理组织体系。学校应组建活动安全工作领导小组，校长为活动安全工作总负责人，活动组织部门为活动安全工作具体负责人，是活动安全工作的具体操作者。对于班级集体活动，班主任为活动安全负责人。

（三）完善活动方案制定和安全工作信息呈报。每一项活动都需要制定活动方案和安全预案，落实安全岗位责任，并及时呈报安全工作信息。班级、年级或社团组织校内外活动，必须呈报上级管理部门及分管校级领导，在分管校级领导同意后再执行。在活动中如果发生师生受伤害事件，要及时向校长汇报，并由学校上报上级管理部门。

（四）实施特异体质学生活动管理。由班主任牵头，建立特异体质学生档案，记录其体检情况和家长告知的身体特殊情况，并告知活动组织者。活动组织者应根据已知情况禁止或限制特异体质学生参加不适合的活动。

（五）在活动前、活动中对活动涉及的场所和设备器材（如学校建筑、专用设备、体育器材）进行检查，发现不安全因素应立即向有关部门汇报，及时进行修理。

（六）组织学生外出集体活动，必须充分考虑活动场所、线路、交通工具、天气等方面的安全性，以就近、小型、安全为原则，能不动用交通工具尽量不动用。如果确实需要乘坐交通工具，活动组织者要对交通工具的安全性能进行监督。

（七）对于活动的路线、地点，活动组织者应事前进行实地勘查，不得组织学生到危险的地方开展活动。

（1）在利用马路或其他公共场所进行活动时，要注意周围的环境，加强安全保护，防止车祸、跌落、倒塌等事故的发生。

（2）到山区活动要防止山火、翻车、迷失、摔跌等事故。在室内活动要特别重视消防安全。

（八）组织学生参加社会公益劳动，必须坚持安全、无毒、无害和力所能及的原则，要加强劳动组织，重视劳动保护，教育学生遵守劳动规则。

（九）不得组织学生参加商业性庆典活动。对于个别的确需要在校生参加的活动，须经校长或上级教育部门批准，并严格控制人数，明确专人负责，确保安全。

第五条 师生安全教育。

（一）在活动前利用广播、晨会、班会等对师生进行思想、运动常识、生理卫生的安全教育，要向学生提出安全要求和注意事项，教育学生遵守纪律、听从指挥，加强学生的安全防范意识，让学生掌握自护、自救、互救的知识和本领，培养学生良好的行为习惯。如果学校活动需要家长配合，要及时加强家校联系，实现家校的有效沟通和配合。

（二）学生应自始至终在学校领导、教师的带领和保护下参加活动。

（1）值班教师应在活动前点名，对未到的学生查明原因并记录；如需坐车，组织学生有秩序地上车，教育学生不要争先恐后，要礼让，在乘车时不要将头、手伸出窗外。

（2）在到达目的地后，值班教师要组织学生开展活动，不要随意"放羊"。

（3）在分散自由活动时，要求学生结伴而行，不要独自行动，教育学生在发现问题或发生事故时要及时报告；班主任和值班教师要加强巡视，分管领导要做好监控，发生事故要采取应急措施。

（4）在活动结束后，要在规定的地点按时集中学生，清点人数，然后有秩序地回校，进行活动总结。

第六条 防范应对措施。

（一）在活动中如遇紧急情况，值班教师要迅速做好处理工作，本着学生优先的原则，尽最大努力确保学生人身安全。

（二）第一时间上报活动负责人，活动负责人呈报学校，并告知相关家长。

（三）在救治伤员的同时，还要安排专人做好维护现场秩序的工作。

（四）保护现场，以利于各种抢救措施的顺利实施。

（五）如果情况危急，活动难以继续，值班教师要迅速组织其他学生撤离现场，转移到安全地带，并尽快回学校。

（六）在活动结束后，要进行活动总结，评价学生对活动安全要求的执行情况。

第七条 突发事件处理办法。

（一）安排人员有序疏散人群。

（二）视情况拨打110、120请求援助，并拉好警戒线，保护好现场。

（三）及时向学校领导报告事件情况。

（四）在事件发生后，迅速了解、收集和汇总事件有关情况，及时向现场应急指挥小组提供各种信息和资料。

（五）在发生突发事件后，要组织人力及时抢救受困和受伤师生，确保师生生命安全，及时将救援情况上报主管领导。

（六）采取有效措施，做好事件善后处理工作。

第八条　编制大型活动安全应急预案。学校要在活动前编制大型活动安全应急预案，该预案要科学、规范、可操作性强，明确各工作小组成员及职责、现场处置及救援措施、事故报告及现场保护、应急保障措施等内容，确保在大型活动突发事件中，学校能够及时、准确、有条不紊地控制和减少事件的影响，有效地开展救援工作，减少学生伤亡，减少事件带来的损失。

第九条　组建大型活动中的安全应急队伍。学校应成立指挥、疏散、抢救、警戒、联络、救护、保障、舆情处置、家长接待等要素齐全的大型活动安全事件应急工作机构，组建安全应急队伍，日常加强应急预案宣贯、培训和演练，确保安全应急队伍的成员掌握处置流程和工作职责。

第十条　妥善处置大型活动突发事件。学校应根据大型活动安全应急预案妥善处置大型活动突发事件，安抚受伤的学生及其家长，按要求向上级报送信息。

第十一条　在大型活动突发事件的应急处置工作中，第一个接警者为该事件的第一责任人和第一执行者。第一责任人要以学校利益、师生利益为重，无条件地承担控制险情、抢救和报警的任务。

第十二条　强化应急处置，明确校长为防御防范工作第一责任人，要制定大型活动防御防范工作方案，明确具体任务分工到人，确保防御防范工作不留死角。

第十三条 事件总结，追究责任。学校在事后要调查突发事件，明确责任人，做好事件教训总结工作，根据学校制度严肃追究相关责任人的责任。

八、预防学生欺凌

第一条 学生欺凌工作重在预防，进行有效的预防能促进学生身心健康，为保障学生安全，维护学生稳定，推进平安校园、和谐校园建设提供良好的环境。学校应根据《中华人民共和国教育法》《中小学教育惩戒规则（试行）》《中华人民共和国职业教育法》《中等职业学校学生学籍管理办法》《中华人民共和国未成年人保护法》《中华人民共和国预防未成年人犯罪法》《中小学生守则（2015年修订）》《中学生日常行为规范（修订）》《北京市中小学生日常行为规范（2016年修订）》《北京市中等职业学校学籍管理办法》及其他相关规定，严格落实《教育部等九部门关于防治中小学生欺凌和暴力的指导意见》、国务院教育督导委员会办公室印发的《中小学（幼儿园）安全工作专项督导暂行办法》等文件精神，依法依规做好预防学生欺凌的管理工作。

第二条 学校应成立组织机构，全面部署学生欺凌专项工作，强化行动落实，加强教育、排查与惩戒处置。

（一）宣传教育组的职责：召开学校动员部署会，营造抵制学生欺凌行为的氛围，解读方案、学生欺凌"五禁令"、工作要求等。

（二）隐患排查组的职责：制定排查内容、形式，开展排查，建立排查台账，实施治理措施。

（三）巡视检查组的职责：坚持以防为主的原则，组织相关人员在重点时间段、重点位置对学生进行检查巡视，并做好记录、上报和沟通工作。

（四）惩戒处置组的职责：依据《学生违纪处分条例》的细则和学生欺凌处置流程，开展会商处置。

（五）责任认定组的职责：对相关系室的班主任、任兼课教师进行事故责任认定。

第三条　组织实施。

（一）动员教育。学校召开全校师生教育部署会，解读学生欺凌"五禁令"的内容，强调工作要求和任务，营造严管、严查、严厉打击学生欺凌行为的氛围。校团委通过广播进一步加强反欺凌宣传教育。各系各班召开专题教育会，进一步解读学生欺凌"五禁令"：一是杜绝身体欺凌，不得直接攻击同学的身体，如推搡、绊倒、抓挠、咬、拳打脚踢、掐捏、拉扯头发等现象；二是杜绝语言欺凌，不得出现使用恶意的言语，起侮辱性绰号，指责他人无用、废物，语言威胁、恐吓，画侮辱性图画，传播学生谣言和错误的信息等行为；三是杜绝社交欺凌，不得出现对他人并不进行直接面对面的攻击，而是通过联合其他学生，有组织地排斥或孤立他人来实施欺凌，使被欺凌的学生感到身边没有朋友、孤立无援的现象，不得出现恃强凌弱、恐吓、威迫他人做他不想做的事，威胁他人听从命令的行为；四是杜绝财物欺凌，不得出现破坏、索要学生的财物，如通过破坏、抢夺、强迫，使其他学生交出或购买学习、生活物品的行为；五是杜绝网络欺凌，不得出现利用社交软件、电子邮件、网络论坛等传播信息、照片、视频来贬低其他学生，让其蒙羞的现象。学校要加强对防治学生欺凌工作的正面宣传，普及防治学生欺凌的知识和方法，宣传学生欺凌行为的危害和恶劣影响，形成反学生欺凌的舆论压力和震慑力。

（二）隐患排查。学校、系室、班级要加强隐患排查，做到对学生无缝隙管理。学生发展中心联合安全办、各系定期对学生宿舍进行管制刀具、烟、酒、打火机等各种危险物品的清查。各系各班开展学生之间矛盾隐患排查，建立台账，对重点学生、突出现象明确预防治理措施。各班要密切进行家校沟通，及时掌握学生的日常生活情况，了解学生的思想动态，对可能导致学生欺凌和暴力的异常行为早发现、早预防、早控制。

（三）安全值守。各系应制定"学生欺凌"值守工作制度，明确值守人员、值守时间、值守区域、值守内容；加强对重点时间段（课间、午休、放学后至晚自习前、晚自习后）、重要场所（教室、卫生间、操场、食堂、宿舍）的巡视值守，发现苗头应立即制止，全面提高对学生欺凌事件的预防能力。

（四）专项检查。学校应成立巡视检查组，对各系各班落实学生欺凌专项工作的情况进行检查监督，巡视检查组应不定期地对专项活动进行集中整治。

（五）严肃惩戒。惩戒处置组对违反学校欺凌"五禁令"的学生进行客观公正的调查，并依据校规、《学生违纪处分条例》和相关法律进行严肃处置，对实施欺凌的学生，视情节轻重分别采取纪律处分、勒令转退学、承担经济赔偿等措施。如果情节严重，要及时报告，并迅速联络公安机关介入。

（六）压实责任。切实落实"第一责任人"的职责，为促进学生的身心健康，保障学生的安全，各班主任签订预防学生欺凌责任书。

（七）畅通渠道。学校应建立学生欺凌专线、学生应急求助热线、学生热线，建立面对面反映机制，如发现学生欺凌现象应第一时间向相关部门反映情况，相关部门务必做到第一时间解决问题，遏制欺凌事件发生。

（八）教育疏导。宣传教育组要加强对涉欺凌和暴力事件学生的疏导教育，对遭受欺凌和暴力的学生及其家长及时开展心理疏导，并提供应有的支持和帮助。

（九）严肃问责。责任认定组对有失职、失责行为的教职工进行事故情况调查，视情节轻重，给予通报批评、减扣绩效工资等责任认定。

第四条　工作要求。

（一）全体教职工高度重视。全体教职工要高度重视预防学生欺凌专项工作，全员行动，织牢联动网络，自觉加强有效防治学生欺凌的责任意识和能力培养，承担起"预防、处置、上报"学生欺凌行为的责任，坚决杜绝学生欺凌事件发生。

（二）严厉打击学生欺凌行为。全校总动员，对学生欺凌行为进行严查、严管，一查到底，坚决打击学生欺凌行为。

（三）对学生欺凌行为严肃处理。一旦发现学生欺凌行为，要严肃惩处实施欺凌者。

（四）对教职工的失职、失责行为严肃处理。在学生欺凌专项整治活动中，对于出现对安全隐患排查敷衍塞责、发现隐患不及时上报、发现矛盾纠纷不及时制止等行为的教职工，将进行严肃处理。

九、家校共育

第一条　家庭和学校作为学生成长的两个重要场所，承载着不同的成长环境与教育资源。家庭作为孩子成长的第一课堂，对孩子的性格、行为习惯、情感等方面有着非常深远的影响，影响孩子与父母的情感交流、孩子的学习态度和品德修养。学校是孩子成长的第二课堂，学校的教育资源丰富，包括校园文化、课堂教育、校外学习、社交等方方面面，对孩子的成长有着重大的影响。在孩子的成长中，家校合作的重要性不言而喻。家校共育就是家庭与学校共同配合，通过共同努力、互相支持，使孩子获得优秀的人生。

对孩子来说，在家庭和学校中获得的不同成长体验可以很好地促进他们不同方面的发展。家庭和学校可以在道德品质教育上形成统一标准，同时培养孩子建立良好的道德观念和社会责任意识。在习惯养成方面，家庭和学校也可以形成共同的行为标准，帮助孩子养成良好的学习和行为习惯。在生活习惯上，家庭和学校可以协同合作，使孩子养成良好的生活习惯，同时丰富了孩子的成长体验。

学校应以《中华人民共和国家庭教育促进法》为指导，根据《中等职业学校德育大纲（2014年修订）》的要求，以转变"育人"理念为重点，创新开展家校共育工作，增强家庭教育的获得感、幸福感，提升学校教育的温度，增进家校沟通，形成育人合力，促进学生健康成长。

第二条　家校共育管理

（一）校长指导，由教育副校长负责制订全校的家校共育工作计划和撰写工作总结。

（二）每学年在各班推选一至两名家长代表的基础上成立校、系家长委员会。

（三）根据工作需要，聘请有专长的家长为学校的特别顾问，颁发顾问聘书。

（四）每学期组织开展家校共育"三个一"活动，即"家访、家长会、家长开放日"。

（五）每学年排查需要重点关注的学生，对需要重点关注的学生开展家校共育单独约访工作，向家长详细介绍学生在校的情况，根据工作需要随时与家长交流沟通，并做好约访、交流工作的记录。

（六）建立家长宣传栏，定期更换家校共育宣传内容。

（七）每学期开展家长开放日活动，向家长开放教育教学活动（观摩课）或亲子活动。

（八）各班根据实际情况认真开展家长助教活动，充分利用家长资源丰富学生的教育活动，鼓励家长积极参与。

（九）各班班主任每周与家长联系，让家长及时了解学生的在校情况，做到及时沟通、快速反馈。

第三条　家长委员会

（一）家长委员会的宗旨。

（1）团结全校学生家长，密切学校与家庭的联系，充分发挥家长对学校教育、教学工作的参谋、监督作用，宣传有关教育、教学的政策法规，提高家长教育子女的水平，促进学校教育改革，提高教育质量。

（2）积极为学校的教育教学工作献言献策，正确、合理、及时地反馈学生及家长的建议，协助学校妥善处理各种常规和突发事件，为学生成长提供健康、优越的环境。

（二）家长委员会的成员要求。

（1）热衷于学校公共事业，善于团结广大家长，并愿意为家长服务。

（2）重视家庭教育，并督促子女的学习，热情支持学校或班级的工作。

（3）有较强的组织能力和社会活动能力。

（三）家长委员会的组织与领导。

（1）每班产生家长委员会委员一名，成立专业家长委员会，这名委员又是学校家长委员会的一员。

（2）家长委员会由十名委员组成，设主任一名（校长）、副主任八名（主管德育副校长、七个系室推荐的家长）、秘书长一名（学生发展中心副主任），秘书长负责家长委员会的组织管理工作。家长委员会成员的数量等同于学校班级的数量，副主任的任期一般为三年，学生毕业，自动离职。

（3）家长委员会由学校主管德育工作的副校长负责，具体工作挂靠学生发展中心，由学生发展中心主管家长委员会的副主任开展具体工作。

（四）家长委员会的主要工作任务。

（1）定期听取学校工作计划和总结介绍，发挥对学校工作的检查、督促和协调作用，对学校工作提出意见和建议。

（2）与学校紧密协作，发动家长配合学校做好学生的各项教育工作，形成良好的学校教育和家庭教育相结合的育人环境。

（3）促进社区教育的开展，做好学生的保护工作，关心学生的课余生活，支持学生参加一些力所能及的社会实践，为学校开展社会实践活动提供方便。

（4）参与研讨学校发展中的重点问题，协同学校提高、改善办学质量，为促进教育改革、提高社会声誉而努力。

（5）分析、归纳家长所反映的问题，将有关意见、建议及时反馈给学校。

（6）及时宣传学生中涌现的好人好事，以及教师教书育人的先进典型，争取社会各界对学校的理解、信任和支持。

（7）与学校一起组织家长会，使家长了解并配合学校贯彻实施德育大纲，改进家庭教育的方法。

（五）家长委员会的活动制度和内容。

（1）家长委员会由学校主管德育工作的副校长主持日常工作和制订学期工作计划，由秘书长负责家长委员会成员的联络和会议召集工作。

（2）家长委员会定期召开例会，家长应通过不定期来校访谈、听课等方式加强与学校的联系和沟通。

（3）应邀参加有家长代表参加的学校重大活动，完成家长委员会安排的其他工作。

（4）学习教育心理理论，不断提升家庭教育水平。

第四条　家长会

（一）家长会分为全校家长会、系部家长会、班级家长会和新生家长会。

（二）根据班级情况，每学期至少召开一次家长会。

（三）家长会应有明确的主题和流程。在家长会上，家长可以了解学校的工作任务，班主任可以了解学生在家的情况，并解决近期主要问题。

（四）全校家长会可由校长和家长委员会联合召开。

（五）对于入校新生，要至少召开两次家长会，向家长介绍学校的办学理念与课程特色，沟通应注意事项。

（六）所有的家长会都应做好记录工作，包括文字和照片、参会签到，以及问题的反映、解决。

第五条　家长开放日

（一）在家长开放日邀请家长到学校参观、体验和听课，让家长进一步了解孩子的学习环境和学习情况。学校应根据家长的需求随时开放教育活动，让家长观摩，及时了解孩子在校的情况。

（二）校长根据学校的实际情况，适当增加家长开放日的次数。

（三）每学期家长开放日不应少于两次。

（四）在家长开放日前一周，学校应采用各种形式和方法把家长开放日的信息传达给家长，力求家长出勤率达到95%以上。

（五）学校应精心准备家长开放日的活动安排。

（六）在家长开放日，学校应做好家长签到、拍活动照片，以及对家长的反馈进行总结等工作。

（七）通过家长开放日，让家长及时了解孩子在校的生活、学习情况，提升教育理念，促进家校沟通和家校共育。

（八）对于家长开放日的照片，学校应当选择优质的打印出来，相关文档应保存两年以上。

（九）学校对家长的接待分为校长级接待和教师级接待两个级别。

（十）为了保持良好的教学秩序，学校应将每周五定为固定的家长接待日。

（十一）家长入校参观，应当提前预约，提供联系方式和孩子的基本信息。

第六条　家庭教育讲座

（一）校方应引导家长掌握必要的教育知识，配合学校的教学活动。

（二）每学期定期组织家长参加讲座，对家长关心的主题、教育常规信息、教育方法进行培训。

（三）每学期通过各种形式公布培训内容，便于家长事先了解，安排时间参加。

（四）学校在培训结束后应对培训结果做出调查，了解家长对培训的意见。

（五）培训的签到、过程、反馈要记录和留档。

第七条 工作保障。

（一）加强组织领导。学校应主动争取社会资源和社会力量的支持，推动形成政府主导、部门协作、学校组织、家长参与、社会支持的家校共育格局，加强指导与调研，促进家校共育工作不断提质与发展。

（二）提供资金保障。学校应设立专项资金，用于家校共育课程开发、课题研究和网上家校平台建设，用于开展家庭教育指导主题实践活动，为提升家校共育水平提供资金保障。

（三）加强宣传引导。学校应发挥舆论导向的作用，充分培育、挖掘和提炼经验，利用报刊、电视、公众号等媒体，大力宣传家庭教育的正确观念和家校共育典型案例，营造良好的社会环境和舆论氛围。

第三节 学校设备设施篇

一、基础设施安全

第一条 学校应加强基础设施的安全管理，确保基础设施的安全运行，延长基础设施的使用寿命。

第二条 学校基础设施包括学校房屋建筑设施，校园道路建筑设施，学生运动场地设施及体育设施，临时建筑设施，水、电设施，实训（实验）室和信息类教学设备。

第三条 学校应成立基础设施安全检查机构，由校长、主管副校长和后勤管理负责人等成员组成。

第四条 后勤管理部门应确定设备设施的常规检查时间，在每学期开学之前和结束之后进行学期检查，在每月中旬进行常规检查，在大风、大雨之后及时巡视检查，在大型活动之前全面检查，确保设备设施能够正常工作。

第五条　学校基础设施安全检查的内容包括检查房屋是否有损坏、变形，检查地基是否有沉降，检查供、排水设施是否畅通，检查电路是否损坏，检查防火规定是否落实，检查沟、坎、梯、栏是否有隐患。在检查中发现问题，要提出整改措施，安全检查必须按要求做好记录，建立检查情况汇总档案，落实整改措施。对于在检查中发现的不能整改的问题，要及时报学校后勤管理部门，并封存有问题的设备设施，停止使用。

第六条　学校建筑物的屋顶、外墙、外门窗严禁安装、悬挂各类物品，不得私自改动内部结构，以及水、电、暖、燃气和蒸汽的管线。

第七条　学校的锅炉房、配电室、水泵房和户外箱式变电站等后勤保障设施，非工作人员不得入内。

第八条　校园内的配电柜、配接箱、路灯等供电、照明设施，非工作人员不得擅自打开、拆装、接线。如私自接线发生事故或造成损失，由个人承担责任。

第九条　学校公共建筑原设计的水电暖阀门、暖气井、管线，以及有关设备设施，任何部门和个人不得擅自改动，违者责令恢复原样。在的确需要改动时，必须按照后勤管理部门批准的方案实施。

第十条　为保证水、电、暖供应管线的正常运行，任何部门和个人不得随意增加用水、用电容量和用热设施、设备，以及供热面积。当的确需要增加时，必须经后勤管理部门批准，方可连接。

第十一条　各部门组织的大型活动需要临时用电供应，主办部门必须严格按照批准的功率使用，不得超负荷使用，由于超负荷和临时线路不规范发生事故的，由活动主办部门负责。

第十二条　不得私自拆除校园围墙，不得在校园围墙上乱涂乱画、私搭乱建。未经学校批准，不得在校园围墙上悬挂各类广告标语。

第十三条　经批准在校园内进行基建改造或维修施工的，应当在施工现场设置明显标志和安全防护设施；在竣工后，应当及时清理现场，请后勤管理部门检查验收。

第十四条　施工单位在开工前需要到后勤管理部门办理备案手续，签订施工单位和个人的安全协议，而后由总务处划定施工场地和进行施工垃圾的堆放清运管理。对于不办理手续的施工单位，总务处有权责令其停工，并协同相关部门采取限停措施。

第十五条　学校基建、维修工程使用水电，由后勤管理部门提供用水用电接入点及线路，施工单位按照后勤管理部门指定的位置对接管线并安装计量器具，按规定缴纳水电费用。对于无法计量的工程项目，按工程实际耗用水电量核算费用。在工程竣工后，施工单位需要先结清水电费用，而后方可进行工程审计结算。

第十六条　当工程项目基础开挖涉及地下管线时，施工单位必须事先会同后勤管理部门确定管线的位置，做好标识和防护工作。如果在施工过程中对管线造成损坏，施工单位要及时通知后勤管理部门、信息管理中心等部门，由其进行现场鉴定；在鉴定完毕后，施工单位按规范进行修复，在修复完成后必须经管理部门验收方可填埋，并承担由此造成的损失。严禁施工单位私自改动管线和带伤填埋，一经发现，责令恢复。

第十七条　因建设施工开挖沟槽，损伤树木根系、影响树木生长的，施工单位在向后勤管理部门提出申请的同时，还要提报施工方案和对树木的保护措施。在施工过程中由于施工单位不按审批的施工方案和树木保护措施施工而造成树木损坏的，从工程款中予以赔偿。

第十八条　学校装修改造工程涉及水、电、暖等管线设施的改造的，必须严格按照后勤管理部门的审批意见实施，并在竣工后提交竣工线路图。

第十九条　学校建设和改造项目在实施过程中，涉及校园内护栏、渠道、雕塑、标识、标牌，以及天然气、路灯及管线设施的，施工单位要提前报后勤管理部门进行协调，同时制定安全保护方案指导施工。

第二十条　当校园内的公用设备、设施、电器发生线路故障时，由后勤管理部门安排专业人员进行维修，对所有的故障抢修情况都要进行详细记录，包括故障发现时间、故障部位、故障原因、抢修措施、零配件更换情况、材料耗用情况、抢修人员名单、修复时间等。

第二十一条　经批准占用绿化用地的，应当限期恢复原状，造成绿地损坏的，由占用者负责恢复或赔偿。

第二十二条　任何部门或个人都不得损坏校园内的花草树木和绿化设施。当施工需要移栽树木、花草时，施工单位必须按后勤管理部门的审批方案实施。

第二十三条　为保障架空线路、地下管线的安全使用，需要修剪、移植树木时，由使用部门提出申请，报后勤管理部门审批并实施。

第二十四条　对于未经后勤管理部门同意，擅自占用校园绿化用地，损坏校园内的花草树木，擅自修剪、移植或砍伐校园树木，损坏校园绿化设施者，后勤管理部门有权责令其停止侵害，按价赔偿造成的损失。

二、特种设备安全

第一条　为保障学校师生员工和国家财产的安全，创造良好的教学条件，依据《特种设备安全监察条例》（2009 年中华人民共和国国务院令第 549 号）、《关于实施〈特种设备安全监察条例〉若干问题的意见》（国质检法〔2003〕206 号）和《关于印发〈锅炉压力容器使用登记管理办法〉的通知》（国质检锅〔2003〕207 号）等文件的精神，学校应加强特种设备管理。

第二条　特种设备是国家以行政法规的形式认定的仪器设备，包括设备部件及配套装置。学校现有的设备中属于特种设备的基本有五种，包括锅炉、压力容器（含气瓶）、压力管道、大型传动和起重机械、电梯。

第三条　在购置特种设备时，学校必须选择由国家认定的具有特种设备生产资质的厂家生产的设备。特种设备使用部门不得自行设计、制造特种设备和使用自制的特种设备，也不得对原有的特种设备擅自进行改造或维修。

第四条　在安装特种设备时，学校必须选择经制造单位委托或同意的具有专业施工资质的单位负责安装和调试。对于在有爆炸危险的场合所使用的特种设备，其安装和使用条件要符合防爆安全的技术要求。

第五条　在将特种设备安装和调试完毕，经安装单位自检合格后，由使用部门到质量技术监督局办理注册登记手续和取得特种设备使用登记证。在取得特种设备使用登记证后，使用部门需要指定专人负责，并做好移交记录。对于未按要求办理注册登记手续、未取得特种设备使用登记证的特种设备，不得擅自使用，总务处不予进行固定资产报增手续。对于使用地点不在学校内的特种设备，使用部门应主动到当地主管部门办理相关手续。

第六条　当因工作需要必须租赁特种设备时，学校可与既有租赁业务又有特种设备生产资质的厂家签约租赁。租赁的特种设备的安全管理事宜由出租方负责，同时出租方必须服从学校的管理。

第七条　学校在购置特种设备后，要安排专人负责管理，明确其职责。特种设备负责人要认真整理、登记并保管随机技术文件和资料，建立特种设备的技术档案，及时办理固定资产入账手续；组织特种设备的安装、维护和保养，对其进行日常检查及定期检验；针对所负责的特种设备的情况，制定相应的规章制度等。

第八条　各使用部门必须建立特种设备的规章制度，并报后勤管理部门备案。

（一）安全使用操作规程。

（二）事故应急措施和救援预案。

第九条　所有特种设备均应建立技术档案，技术档案的基本内容如下。

（一）档案文件清单。

（二）设备及部件出厂时的随机技术文件。

（三）安装、维护、大修、改造的合同书及技术资料。

（四）登记卡、特种设备使用登记证、检验报告书、安全使用操作规程。

（五）运行记录、日常检查记录。

（六）故障及事故记录、紧急情况救援预案。

（七）操作人员情况登记。

第十条　特种设备技术档案的管理采用学校、部门两级管理的办法。学校保管登记卡、特种设备使用登记证、检验报告书；各部门保管上述校管材料的复印件及其他技术档案，由特种设备安全管理人员负责。

第十一条 特种设备专职操作人员必须通过北京市质量技术监督局认可的培训、考核,在取得特种设备作业人员资格证书后方可从事相应的工作。

第十二条 对于在用特种设备,使用部门必须按照国家规定对其技术安全性能进行定期检验,必须在安全检验合格有效期满前两个月联系检验检测机构。检验检测机构对特种设备进行检验并出具检验报告书,使用部门将检验结果报总务处备案。

对于电梯,后勤管理部门与维保单位一起在对其做好维护保养的基础上,每年使其接受检验检测机构的定期检验,使其处于正常、完好的可用状态。

第十三条 对于因工作变化必须停用一年以上的特种设备,使用部门要到质量技术监督局办理停用手续。对于停用一年以上或发生过事故的特种设备,以及遇到自然灾害可能影响安全技术性能的特种设备,在使用前都要进行全面的检查和维护保养,在使用部门自检合格,经检验检测机构检验合格,重新取得特种设备使用登记证后方可使用。

第十四条 特种设备的委托维保、大修和改造应由原制造或安装单位负责,如遇特殊情况也可选择具有资质的单位施工,并签订施工合同。竣工后经施工单位自检合格,由后勤管理部门提请质量技术监督局来校进行验收检验,并办理"特种设备使用登记证"。

第十五条 对在用特种设备进行安全检查,是保证特种设备安全使用的有效手段。检查工作要形成制度,认真执行。学校应每年组织相关部门对特种设备进行检查或不定期抽查,每学期组织一次联合检查,后勤管理部门会同维保单位每月检查一次,特种设备使用人员在使用前后要对其进行检查,每次的检查结果都要存档。

（一）学校检查（或抽查）的内容如下：

（1）特种设备安全操作规程的制定和执行情况；

（2）特种设备负责人和使用人员的落实情况；

（3）特种设备建账情况；

（4）特种设备技术档案建立情况。

（二）特种设备负责人和使用人员的安全检查内容如下：

（1）设备及其部件的性状完好情况；

（2）保护装置的完整可用和校准情况；

（3）噪声、磨损、异常振动等运行状况。

第十六条 禁止使用以下四种特种设备：

（一）未经检验、未办理注册登记和特种设备使用登记证的特种设备；

（二）已报废的特种设备；

（三）经检验被判定为不合格的特种设备；

（四）已发生故障而故障未排除的特种设备。

第十七条 因教学、科研需要使用装有毒有害、易燃易爆气体的压力气瓶的部门，要向总务处提出申请，在后勤管理部门批准后才能使用。

第十八条 需要使用压力气瓶的部门，应到国家认定的具有压力气瓶充装和租赁资质的单位，租用压力气瓶和充装相应介质，并做好操作记录，校内任何部门不得使用自行购置的压力气瓶，也不允许自行充装任何介质。

第十九条 根据《气瓶安全监察规定》（原国家质量监督检验检疫总局在 2003 年 4 月 24 日公布，在 2015 年 8 月 25 日修订）的要求，气瓶充装单位全面负责所提供气瓶的安全，并进行气瓶的定期检验、报废、销毁等事宜。

第二十条　在压力气瓶使用过程中，要有专人负责，要有防止倾倒的设施，要避免碰撞、烘烤和暴晒。对于受射线辐照易发生化学反应的压力气瓶，应使其远离放射源或采取屏蔽措施。

第二十一条　学校内任何部门不得对压力气瓶进行焊接或改造；不得更改压力气瓶的钢印或颜色标记；不得使用已报废的压力气瓶；不能自行处理压力气瓶内的残液；不能向其他容器充装压力气瓶内的介质。

第二十二条　对于装有易燃易爆或有毒介质的压力气瓶，在使用时要安放在室外。

第二十三条　装有易燃和助燃介质的压力气瓶之间要保持安全距离，分开存放。

第二十四条　需要同时使用大量压力气瓶的单位，要根据介质情况采取必要的防火、防爆、防电打火（包括静电）、防毒、防辐射等措施。

第二十五条　对于使用年限到期或检验报废，以及由于其他原因无法再正常使用的特种设备，使用部门应立即停止使用并向后勤管理部门提出校内报废申请，然后由学校到质量技术监督局统一办理注销手续。

第二十六条　对于产权需要发生转移的特种设备，使用部门应向后勤管理部门申报，由学校到质量技术监督局办理相关手续。

第二十七条　凡违反本规定的，要根据情节轻重和所造成的后果，按有关规定进行处理，情节和后果特别严重的，要追究法律责任。

第二十八条　本规定未尽事宜以国家颁布的相关条例、法规等为准。

三、危险化学品管理安全

第一条　危险化学品管理安全应当坚持安全第一、预防为主、综合治理的方针，强化和落实管理者的主体责任。

第二条　危险化学品是指具有毒害、腐蚀、易爆、易燃、助燃等性质，对人体、设施、环境具有危害的剧毒化学品和其他化学品。

第三条　在购买危险化学品前，购买部门必须经学校审批，报公安部门审批或备案，然后向具有经营许可资质的单位购买，并保留报批及审批记录。

第四条　学校应成立危险化学品安全管理领导小组，切实加强组织领导，树立责任意识。

第五条　制定相关制度与措施。

（一）实训（实验）室上课管理制度。

（二）实训（实验）室药品管理和使用制度。

（三）实训（实验）室安全管理制度。

（四）实训（实验）室卫生管理制度。

（五）实训（实验）室教师安全职责。

第六条　危险化学品的储存。

（一）对危险化学品建立动态管理台账，危险化学品必须储存在专用储存室（危险化学药品室）内，并由专人管理。管理人员应将危险化学品按照化学试剂的性质分类，并规范、有序地存放，存放数量必须符合国家标准。危险化学品（含配制试剂）必须有完整、清晰的标签，并且包装坚固、完整、严密，外表面清洁。

（二）危险化学品专用仓库应当符合国家标准对安全、消防的要求，并设置明显标志。危险化学品专用仓库的储存设备和安全设施应当定期接受检测。

（三）储存单位应当将储存的剧毒化学品和构成重大危险源的其他危险化学品的数量、储存地点及管理人员的情况，报当地公安部门和负责危险化学品安全监督管理工作的部门备案。

第七条　危险化学品的使用。

（一）师生安全教育。学校要不断对师生加强实训（实验）室的安全教育，在每学期初开展专项安全培训；师生共同签订实训（实验）室安全责任书，自觉参加实训（实验）室安全考核，通过后方可进入实训（实验）室进行实验。

（二）危险化学品必须实行双人收发、双人保管制度。对于库存危险化学品，应当定期检查。

（三）对于危险化学品出入库，必须严格执行危险品管理和使用制度，进行核查登记，控制领用数量，填写危险化学品使用申请表，在负责人签字同意后方可领用。

（四）对于领用的危险化学品，必须在本校的实训（实验）室内使用，不得以转让、转借等形式交给其他单位或个人使用，相关人员不得为其他单位办理购用证明。

（五）实训（实验）室内需要配备以下安全防护用品：护目镜、口罩、面罩、防毒面具、实验服、橡胶手套、棉线手套等。根据不同实训课程的危险因素，穿戴具有针对性的安全防护用品。

第八条　危险化学品的废液必须经过处理，在符合国家有关规定后方可排放，排放时必须采取周密的安全保障措施。对于盛放危险化学品的瓶、桶等，需要按照有害垃圾的处理标准单独处理。

第九条　突发事件处理办法。

（一）编写危险化学品管理安全应急预案。危险化学品管理安全应急预案应科学、规范、可操作性强，明确各工作小组的人员构成及其职责、现场处置及救援措施、事故报告及现场保护、应急保障措施等内容，确保在突发危险化学品安全事故时，相关部门能够及时、准确、有条不紊地控制和减少影响，有效地开展救援工作，减少人员伤亡，减少事故带来的损失。

（二）组建危险化学品管理安全应急队伍。学校应成立指挥、疏散、抢救、警戒、联络、救护、保障、舆情处置、家长接待等要素齐全的危险化学品管理安全应急工作机构，组建危险化学品管理安全应急队伍，配备必要的应急救援器材、设备，并定期组织应急救援演练，日常加强应急预案的宣贯、培训和演练，确保应急队伍的成员掌握处置流程和工作职责。

（三）安全第一，预防为主，规范有序，保障到位。学校应坚持应急与预防工作相结合，做好防范和预警工作，最大限度地减少事故造成的人员伤亡、财产损失和社会影响。

（四）强化应急处置。当发生危险化学品事故时，学校应依照危险化学品事故应急预案开展救援，减少事故损失，防止事故蔓延、扩大。

（五）在危险化学品事故发生后，学校应做好事故总结，认真追责。相关部门和人员要做好事故教训总结工作，追究相关责任人的责任。

附录A 《中职学校突发安全事件总体预案》

中职学校突发安全事件

总体预案

编　　制：＿＿＿＿＿＿＿＿＿

审　　核：＿＿＿＿＿＿＿＿＿

批　　准：＿＿＿＿＿＿＿＿＿

发布日期：＿＿＿＿＿＿＿　　生效日期：＿＿＿＿＿＿＿

总体预案

1. 总则

1.1 编制目的

为了切实做好校园应急管理工作，迅速、有序、高效地处理突发事件，最大限度地减少师生伤亡及财产损失，特制定本预案。

1.2 编制依据

《中华人民共和国安全生产法》

《中华人民共和国突发事件应对法》

《中华人民共和国消防法》

《生产安全事故应急条例》

《生产安全事故报告和调查处理条例》

《生产经营单位生产安全事故应急预案编制导则》（GB/T 29639-2020）

《生产安全事故应急预案管理办法》

《北京市安全生产条例》

《北京市消防条例》

《北京市生产安全事故报告和调查处理办法》

1.3 适用范围

本预案适用于××学校（以下简称学校）突发公共事故、自然灾害、卫生防疫事故，以及日常发生的应急事件。

1.4 应急预案体系

学校应急预案体系由突发公共事故应急预案、自然灾害应急预案、卫生防疫应急预案及日常管理预案等构成，具体见附件1。

1.5 应急工作原则

（1）以生为本，减少危害。把保障学生健康和生命安全作为首要任务，最大限度地减少突发事件及其造成的学生伤亡和危害。

（2）居安思危，预防为主。高度重视，常抓不懈，防患于未然，增强忧患和安全意识，坚持预防与应急相结合，做好应对突发事件的各项准备工作。

（3）统一领导，分级负责。在区教委的统一领导下，建立健全分类管理、分级负责的应急管理体制。

（4）依法规范，加强管理。依据有关法律和行政法规，加强应急管理，维护师生的合法权益，促进应对突发事件的工作规范化、制度化。

（5）快速反应，协同应对。建立应急指挥部，形成统一指挥、反应灵敏、功能齐全、协调有序、运转高效的应急管理机制。

（6）加强教育，提高素质。加强宣传教育、培训和演练工作，提高师生应对各类突发事件的能力和综合素质。

2. 学校基本信息及事故风险描述

2.1 学校概况

2.2 周边环境

2.2.1 自然环境

本校坐落于北京市昌平区×××。昌平区是北京市的远郊区，位于北京市西北部。昌平区的气候为暖温带半湿润大陆性季风气候，四季分明，雨热同期，夏季湿润，冬季寒冷少雪。

2.2.2 社会环境

本校位于北京市昌平区×××，四周为×××。

2.3　事故风险描述

　　校园主要存在或可能发生的事故包括：学生欺凌；体育运动伤害；自伤自杀、斗殴、走失事故；拥挤踩踏事故；电梯等特种设备事故；火灾、爆炸事故；触电事故；交通事故；中毒窒息事故；溺水事故；化学品泄漏事故；工程建设项目事故；校园周边突发安全事故；突发地震、洪涝、雷电以及雨雪、冰冻、泥石流、滑坡等自然灾害事故；突发传染病、学生突发疾病等卫生防疫事故；校园侵害事故；群体性事件；网络安全、考试安全、停水停电停气、临时性活动、家长与学校发生冲突等其他事故；实习实训事故；大型活动事故等。

2.3.1　学生欺凌

　　学生以强欺弱，造成弱势学生受到伤害的现象。

2.3.2　体育运动伤害

　　在体育运动中，由于体育器械故障、运动强度失控、防护不当等原因，造成学生碰伤、拉伤、扭伤、摔伤、骨折等。

2.3.3　自伤自杀、斗殴、走失事故

　　学生由于受到挫折、惊吓、意外伤害或由于精神抑郁等，发生自伤自杀、斗殴、走失事故。

2.3.4　拥挤踩踏事故

　　学生在上下学、上下课期间，以及升旗、出操、运动会等集体活动时，或遇突发事件紧急疏散时，因打闹嬉戏、安排疏导不当等，可能造成拥挤踩踏事故。

2.3.5　电梯等特种设备事故

电梯等特种设备在运行过程中因操作不当、维保不及时等，突发的停梯、坠梯、夹人、伤人等事故。

2.3.6　火灾、爆炸事故

师生违反规章制度使用高温热源（如违规使用大功率电器、吸烟等）可能会引起火灾事故；

教学过程中使用的电气设备由于配电线路老化短路、超负荷运行等情况，可能直接引发火灾，或者引燃周围的可燃物；

食堂燃气泄漏或使用不当，遇明火极易引发火灾、爆炸事故；

在天干物燥的季节，可燃物遇明火极易引发火灾事故。

2.3.7　触电事故

学校的变配电设备、电气设备和电气线路，由于绝缘层破损漏电或师生违章操作等可能会造成触电事故。

2.3.8　交通事故

车辆在接送学生途中、外出集体活动时发生交通意外；学校位于城市中心，紧挨城市主干道，学生上下学面临较大交通安全风险；学生在校园内不慎被车辆撞击造成伤害。

2.3.9　中毒窒息事故

作业场所有害物质超标、防护措施不到位、排风系统存在故障，以及食物变质、饮用水污染等原因，可能引发师生中毒窒息事故。

2.3.10　溺水事故

学生不慎落入喷水池、游泳池等，造成溺水事故。

2.3.11 化学品泄漏事故

在做化学实验时使用的部分试剂为危险化学品，如硫酸、盐酸、氢氧化钠、乙醇等，但其用量很少，依据《危险化学品重大危险源辨识》(GB/T 18218-2018)，学校涉及的危险化学品未构成危险化学品重大危险源；

化学品在储存、使用过程中有可能发生泄漏，在防护不当或失效时有可能造成师生皮肤和呼吸系统的灼伤；

易燃、易爆危险化学品发生泄漏，与空气可形成爆炸性混合物，当浓度达到爆炸极限时，遇热源可能发生火灾、爆炸事故；

如果有毒化学品泄漏得不到及时处理，有可能导致人员中毒窒息事故。

2.3.12 工程建设项目事故

在校园内新建、改建、扩建工程项目的过程中，突发的土方、物料、脚手架坍塌，以及火灾、高处坠落、触电等事故。

2.3.13 校园周边突发安全事故

校园周边突发的火灾、盗抢、交通等意外事故。

2.3.14 自然灾害事故

突发地震、洪涝、雷电及雨雪、冰冻、泥石流、滑坡等自然灾害造成的事故。

2.3.15 卫生防疫事故

突发传染病，未及时发现和隔离，造成大量学生感染；学生突发疾病造成的伤害。

2.3.16 校园侵害事故

学生心理异常,对其他学生实施暴力伤害;校园周边闲杂可疑人员进入校园,对学生实施暴力伤害。

2.3.17 群体性事件

由事件处理不公、学生情绪异常等各种原因造成的学生集体上访、游行等事件。

2.3.18 其他事故

网络安全事故、考试安全事故、停水停电停气、家长与学校发生冲突等其他由人的不安全行为、物的不安全状态、环境因素等造成的事故,导致师生受到伤害。

2.3.19 实习实训事故

在学生实训过程中发生的意外伤害事故。

2.3.20 大型活动事故

在学校举办或承办运动会、技能展示、中小学劳动课程实践等大型活动时,由人的不安全行为、物的不安全状态、环境因素等导致的事故,导致师生受到伤害。

3. 应急组织机构及其职责

3.1 应急组织机构

学校成立应急救援领导小组,下设应急办公室、现场指挥部。应急办公室设在学校安全管理部门;现场指挥部下设 5 个专业组,分别为抢险救援组、医疗救护组、警戒疏散保卫组、后勤保障组和事故调查及善后处置组,如图 A-1 所示。

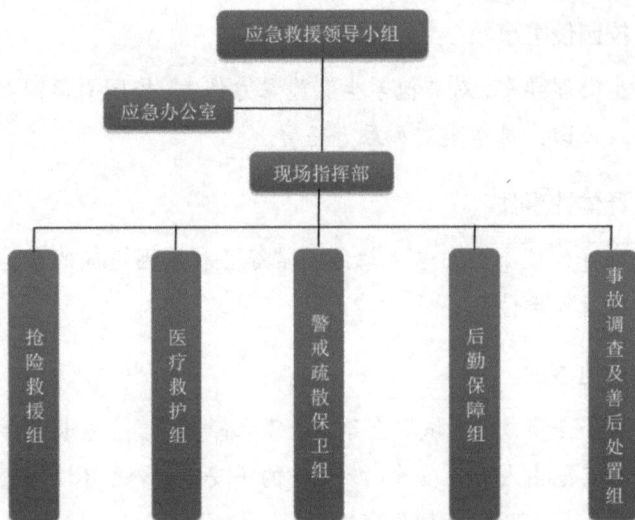

图 A-1　应急救援领导小组的架构

3.2　应急救援领导小组的构成及职责

3.2.1　应急救援领导小组的构成

组长：校长

成员：分管安全副校长、德育副校长、教学副校长

3.2.2　应急救援领导小组的职责

（1）发布、实施学校应急救援预案，确保应急救援预案得到落实、执行；

（2）负责应急救援队伍和应急物资的配置，以及应急救援队伍的调动；

（3）检查督促做好重大事件的预防措施和应急救援的各项准备工作；

（4）当发生事故时发出和解除事故应急救援命令、信号；

（5）批准本预案的启动与终止；

（6）根据情况临时指定现场指挥员；

（7）组织协调应急资源和各专业应急救援小组，实施救援行动；

（8）负责应急事件信息的上报，向友邻单位通报事故情况，必要时向相关单位发出求救信息；

（9）接受政府及上级部门的应急救援指令和调动；

（10）负责保护事件现场，组织事件调查，总结应急救援工作的经验和教训。

3.3　应急办公室的构成及职责

3.3.1　应急办公室的构成

主　　任：分管安全副校长

副主任：安全管理部门负责人

成　　员：安全管理人员

3.3.2　应急办公室的职责

（1）组织制定、修订学校应急救援预案，制订应急救援预案演练计划，并定期组织演练；

（2）负责应急救援领导小组的应急值班，并负责值班记录和现场处置总结的审核；

（3）接受应急事件的报告，跟踪事件发展动态，及时向应急救援领导小组汇报；

（4）根据应急救援领导小组的指令，及时与外部救援机构或相关部门联络，请求救助；

（5）及时向区教委、安监、消防、公安、环保等政府部门及友邻单位通报事故情况；

（6）告知外援人员事故情况、救援机构分布情况和相关注意事项；

（7）协助相关部门做好新闻发言和上报材料的起草工作。

3.4 现场指挥部的构成及职责

3.4.1 现场指挥部的构成

总 指 挥：校长

副总指挥：分管安全副校长、德育副校长、教学副校长、当日带班领导

成　　　员：各部门负责人、安全管理人员、保健医生、当日值班人员等

若总指挥不在，由副总指挥依次全权负责应急救援指挥工作。在总指挥和副总指挥都不在时，由现场指挥部成员依次全权负责应急救援指挥工作。

3.4.2 现场指挥部的职责

总指挥负责组织和指挥事故应急救援工作，做出各项决定；副总指挥协助总指挥安排救援具体工作，向总指挥提出救援过程应考虑和采取的安全措施，负责突发事件现场的通信和对外联系，必要时代表现场指挥部对外发布有关信息；现场指挥部的成员负责救援具体工作，向总指挥提出应急救援技术方面应考虑和采取的安全措施。

（1）按照事故应急救援领导小组的指令，负责现场应急救援指挥工作；

（2）正确指挥有关专业救援小组，有效展开工作和组织人员的调配；

（3）收集现场信息，核实现场情况，针对事态发展制定和调整现场应急抢险方案；

（4）分析事故发展变化情况，采取有效的处置措施；

（5）根据先救人、后疏散物资和进行事故处置的原则，有计划、适时准确地向事故现场调集力量；

（6）组织学校志愿消防队与外部救援力量协同作战，紧密配合；

（7）及时向学校应急救援领导小组汇报事故情况，核实应急终止条件，在处置完毕后，终止应急。

3.4.3 专业组的构成及职责

3.4.3.1 抢险救援组的构成及职责

抢险救援组的构成如下。

组　　长：×××

副组长：×××

组　　员：×××

抢险救援组的职责如下：

（1）按照现场指挥部的指令及时采取有效措施控制事故扩大，将周围的设备设施进行隔离；

（2）明确事故的发生原因、施救方法和抢救目标，根据事故性质和现场指挥部的指令实施救援；

（3）配合外部救援力量，提供各种应急救援信息，协助救援；

（4）服从现场指挥部的命令，及时掌握事故动态，及时向现场指挥部报告应急救援抢险情况；

（5）本着"安全第一、救生为先"的原则开展各项救援工作；

（6）按照指令做好其他应急救援工作。

3.4.3.2 医疗救护组的构成及职责

医疗救护组的构成如下。

组　　长：×××

副组长：×××

组　　员：×××

医疗救护组的职责如下：

（1）熟练掌握相关救护和自我防护知识，准备好应急救护器材；

（2）尽快查找受伤人员，使其脱离危险区域，开展现场施救；

（3）判断受伤人员的严重程度，采用相应方法及时施救，必要时拨打 120 求救；

（4）及时向现场指挥部报告受伤人员的数量、受伤程度、抢救情况等。

3.4.3.3　警戒疏散保卫组的构成及职责

警戒疏散保卫组的构成如下。

组　　长：×××

副组长：×××

组　　员：×××

警戒疏散保卫组的职责如下：

（1）明确事故地点及性质，划定警戒区域，设立警戒标志，维护现场秩序，严禁无关人员入内；

（2）确定疏散方向、疏散路线及疏散地点，尽快疏散学生及教职工等人员；

（3）及时向现场指挥部报告区域警戒和人员疏散情况；

（4）划定人流、车流、物流的路线，保证救援人员、车辆、物资的路线畅通无阻，引导外来救援人员、车辆按规定路线进入事故现场。

3.4.3.4　后勤保障组的构成及职责

后勤保障组的构成如下。

组　　长：×××

副组长：×××

组　员：×××

后勤保障组的职责如下：

（1）在现场指挥部的指挥下，负责抢险、救援物资的供应和运输，确保通信畅通，保证抢险救援工作顺利开展；

（2）做好相关物资、器械、车辆的洗消、整理和回收工作；

（3）及时了解事故情况和救援情况，并及时传递相关信息；

（4）根据现场指挥部的情况，及时联络增补人员；

（5）及时了解事故情况，随时向现场指挥部报告。

3.4.3.5 事故调查及善后处置组的构成及职责

事故调查及善后处置组的构成如下。

组　长：×××

副组长：×××

组　员：×××

事故调查及善后处置组的职责如下：

（1）收集、整理应急处置过程中的有关资料，协助事故调查部门调查事故原因；

（2）与有关保险机构联系，做好相关理赔工作；

（3）总结事故的经验教训，提出类似事故的防范措施；

（4）做好学生、学生家长或监护人，以及教职工的思想工作，维护学校的稳定；

（5）查明事故发生的原因、过程和人员伤亡、经济损失情况；

（6）确定事故的性质和责任者；

（7）提出对事故有关责任部门或责任者的处理意见和措施；

（8）向应急救援领导小组提交调查组全体成员签名的事故调查报告书，若调查组成员有不同意见，应当具体注明；

（9）全力配合上级部门对事故进行的调查工作；

（10）在事故救援结束时，清理现场，确认现场处于安全状态，及时向应急救援领导小组报告；

（11）负责做好受伤的学生、教职工及其家属的安抚工作。

4. 预警及信息报告

4.1 预警

根据学校、区教委、市教委在各级各类安全检查中发现的重大隐患、视频监控系统的数据变化状况，以及市教委、区教委、气象部门等相关部门提供的相关预警信息，应急办公室应对可能发生的重大突发事件进行预警。预警信息包括突发事件的类别、预警级别、起始时间、可能影响的范围和警示事项等。事件风险可能影响周边其他单位、人员的，应当将事件的性质、影响范围和应急防范措施告知周边其他单位和人员。

4.2 信息报告

4.2.1 信息接收与通报

4.2.1.1 学校设立 24 小时应急值守电话：××××××××

4.2.1.2 外部救援电话

报警电话：110；火警电话：119；医疗救护电话：120。

4.2.1.3 事故信息接收、通报责任人为当班值守人员

4.2.1.4 事故信息接收、通报程序

事故发生→现场人员→应急值守人员→应急办公室→应急指挥部。

应急值守人员在确认报警信息后，应立即通知应急办公室，由

应急办公室通知应急指挥部，应急指挥部总指挥按事故性质和发展趋势及时向相关部门和人员发出事故报警通知，应急人员就位，做好应急工作，减少事故损失。

4.2.1.5 应急人员联络方式（附件4）

应急人员应24小时开机。

4.2.2 信息上报

在事故发生后，现场人员应第一时间报告应急办公室，安全管理负责人立即报告校长，并安排当班值守人员赶赴现场进行处置，协调各方力量进行支援；校长根据事故严重程度决定是否向区教委、相关政府部门及其他上级机构报告。信息上报应遵循相应上级机构规定的流程（5分钟口头汇报，40分钟书面报告），报告的内容应包括：

（1）学校概况；

（2）事故发生的时间、地点及事故现场情况；

（3）事故发生的简要经过；

（4）事故已经造成或者可能造成的伤亡人数（包括下落不明的人数）和初步估计的直接经济损失；

（5）已经采取的措施；

（6）其他应当报告的情况。

4.2.3 信息传递

应急办公室或行政办公室应通过电话、即时通信工具等有效联络方式，对事故已经或可能涉及的部门、单位、人员进行通报，并采取相应的防范措施。在处置过程中，要及时续报有关情况。

5. 应急响应

5.1 响应分级

学校根据事故的危害程度、影响范围和自身控制事态的能力，将事故应急响应分为三级。

（1）一级响应（社会救援级）。

事故影响超出学校的控制范围，需要由区教委或地方政府启动应急响应，协调组织救援和处置工作。

（2）二级响应（学校全区域级）。

事故涉及面广，需要在学校所有区域、场所启动应急响应。

（3）三级响应（学校部分区域级）。

事故涉及学校部分区域和场所，需要在部分区域启动应急响应。

5.2 响应程序

应急响应的过程可分为接警、判断响应级别、应急启动、应急响应与控制、应急解除与恢复、应急结束与评估六大步骤。应急响应的基本流程如图 A-2 所示。

在事故发生后，现场负责人应当第一时间报告现场指挥部，现场指挥部立即启动相关应急预案，各专项组迅速采取措施，防止事故扩大。现场指挥部视事故发展情况，在必要时扩大应急响应范围，请求区教委、社会力量参与应急救援。

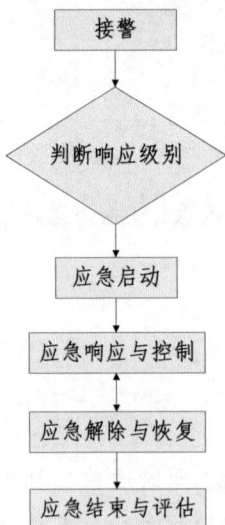

图 A-2　应急响应的基本流程

一级响应：由应急指挥部呈报区教委或地方政府相关部门，请求区教委或地方政府相关部门组织救援和处置工作。

二级响应：现场负责人在接警后立即报告现场指挥部，由现场指挥部总指挥批准启动总体预案。

三级响应：现场负责人在接警后立即启动相关应急方案。

各专业组根据现场指挥部的指令和相关应急预案开展应急救援行动，应包括但不限于以下工作：

（1）启动相关应急预案；

（2）迅速撤离、疏散学生和教职工，封锁事故区域，按规定实施警戒和警示；

（3）立即采取措施保护相邻设施，防止事故扩大和引发次生事故；

（4）根据师生伤亡的情况展开救治和转移；

（5）及时掌握事故的发展情况，及时修改、调整和完善现场救援预案和资源配置方案。

5.3 处置措施

根据可能发生的事故的风险、危害程度和影响范围，确定相应的应急处置措施，并满足以下要求。

抢险救援组立即组织滞留在各种建筑物内的师生撤离，并对被困人员展开积极救援；迅速关闭、切断输电系统和扑灭各种明火，防止滋生其他灾害。

警戒疏散保卫组应立即划定警戒区域，设立警戒线，阻止无关人员进入；组织救援人员开启所有疏散门，排除障碍，保持通道畅通，按就近原则引导师生迅速疏散，具体见《应急疏散示意图》（附件3）；同时稳定师生情绪，防止拥挤、踩踏等次生事故的发生。

医疗救护组应立即采取合理急救措施，对受伤师生进行救治，必要时立即拨打120，力争将伤亡人数降到最低。

后勤保障组应确保抢险、救援物资的供应和通信的畅通，源源不断地满足现场救援的需求；待应急救援工作完成后，应对事故现场进行清理、恢复，争取尽快恢复正常教学秩序；同时做好师生的思想工作和心理辅导工作，维护学校的安全局面，恢复正常教学秩序。

事故调查及善后处置组应做好学生及其家长，特别是伤亡学生家长的解释和安抚工作，并按照国家相关政策妥善处理善后事宜，避免激化矛盾。

5.3.1 火灾或爆炸处置措施

5.3.1.1 灭火措施

（1）扑救人员应占领上风向或侧风向阵地。

（2）正确选择最适合的灭火剂和灭火方法。

（3）对有可能发生爆炸、爆裂、喷溅等特别危险需要紧急撤退的情况，应组织现场人员按照统一的撤退信号和撤退方法及时撤退。

5.3.1.2 疏散方案

（1）疏散先后顺序：着火层→着火层上层→着火层再上层和着火层下层→其他楼层。

（2）疏散程序。

撤离。在紧急状态下，由现场负责人立即组织学生、教职工按次序撤离，防止人员拥堵踩踏。在全部人员撤离后，现场负责人、引导人员方可离开。

楼道、楼梯内的疏散。按先低层后高层、先近（靠近楼梯的）后远（远离楼梯的）、后到让先到的顺序，组织楼道、楼梯内人员的疏散。

疏散时的自我保护。手扶栏杆、墙，防止摔倒；如有浓烟，在可能的情况下用湿布掩住口鼻；三楼以上禁止从楼上跳下。

疏散后清点人员。在将学生、教职工疏散到规定的地点后集合并清点人数，人数不全时应立即组织搜救。

5.3.2 触电处置措施

（1）发现有人触电，应立即断开电源，使触电者脱离电源。如果触电者神志清醒，应使其就地仰面平躺，严密观察，暂时不要让其站立或走动；如果触电者神志不清，应使其就地仰面平躺，且确保气道畅通，并用 5 秒时间，呼叫触电者或轻拍其肩部，以判断触电者是否丧失意识，禁止摇动触电者头部；如果触电者已经停止呼吸，应立即进行心肺复苏急救，并根据伤情迅速联系医疗单位救治。

（2）在触电者未脱离电源前，救护人员不能直接用手触及触电者，应立刻断开相应带电设备，才可实施抢救。在脱离电源过程中，救护人员也要注意保护自己的安全，防止触电。

（3）如果触电者处于高处，在断开电源时应采取预防措施，避免其坠落造成二次伤害。

（4）对于触电后又摔伤的触电者，应使其就地仰面平躺，保持脊柱处在伸直状态，不得弯曲；如需搬运，应让触电者仰面平躺在硬板上，使其身体处于平直状态，避免脊椎受伤。

5.3.3 化学品灼烫处置措施

（1）如果发生皮肤与化学品接触引起的灼烫，应根据相应化学品的理化性质及推荐的紧急处理做法进行处理，采用稀释、中和吸附、包扎等方式处理接触面，切勿乱用处理措施，避免造成二次伤害。

（2）如果发生吸入化学品引起的灼烫，应迅速让伤员离开现场至空气新鲜处，保持呼吸道通畅。如果伤员呼吸困难，给予输氧；如果伤员呼吸停止，立即进行人工呼吸，并送往医院抢救。

（3）如果发生因误服化学品引起的灼烫，应立即漱口、饮水或用推荐的急救溶液稀释或催吐，并送医院急救。

5.3.4 中毒和窒息处置措施

（1）立即将伤员从危险区抢运到空气流通处，并安置在顶板完好、无淋水的地点。

（2）立即将伤员口、鼻内的黏液、血块、泥土、碎屑等异物清除，并解开其上衣和腰带，脱掉其鞋子。

（3）用衣服覆盖在伤员身上以保暖。

（4）根据心跳、呼吸、瞳孔等特征和伤员的神志情况，初步判断伤情的轻重。对呼吸困难或停止呼吸者，应立即进行人工呼吸。当伤员出现心跳停止的现象（心音、脉搏消失，瞳孔完全散大、固定，意志消失）时，除进行人工呼吸外，还应同时进行胸外心脏按压急救。

（5）对于天然气中毒的伤员，应立即送往医院，尽早进行高压氧舱治疗，减少后遗症。

5.3.5 高处坠落处置措施

（1）人员急救。

在发生高处坠落事故后，抢救的重点应放在对休克、出血和骨折人员的急救上。

（2）对休克人员的急救。

保持呼吸道通畅。必须保持休克人员的呼吸道通畅，把其颈部垫高、下颌托起，使头部后仰。同时，将休克人员的头部偏向一侧，以防止呕吐物进入呼吸道。

选择合适的体位。应使休克人员保持平卧位。如果其呼吸困难，可将头部和躯干抬高一点，利于呼吸；将两下肢略抬高，利于静脉血回流。

注意休克人员的体温。休克人员体温降低，应注意保暖，盖好被子。感染性休克人员常伴有高热，应予以降温，可在颈、腹股沟等处放置冰袋，或者用温水擦浴等。

（3）对出血人员的急救。

对于出血人员，首先应争分夺秒地有效止血，然后进行其他急救处理。

仔细地观察伤口出血情况，正确判断出血种类：当流出的血液呈鲜红色，而且从伤口向外喷射时，应为动脉出血；当流出的血液呈暗红色，而且缓慢均匀地流出时，应为静脉出血；当流出的血液呈红色，而且像水珠一样从伤口流出时，应为毛细血管出血。常用的止血方法有以下几种。

① 伤口加压法。

这种方法主要适用于出血量不太大的一般伤口，通过对伤口的加压和包扎，减少出血，让血液凝固。其具体做法是，如果伤口处没有异物，用干净的纱布、布块、手绢、绷带等物或直接用手紧压伤口止血；如果出血较多，可以先用纱布、毛巾等柔软物垫在伤口上，再用绷带包扎以增加压力，达到止血的目的。

② 手压止血法。

用手指或手掌压迫伤口靠近心端的动脉，将动脉压向深部的骨头上，阻断血液的流通，从而达到临时止血的目的。这种方法通常在急救中和其他止血方法配合使用，其关键是要掌握身体各部位血管止血的压迫点在哪。

手压止血法仅限于在无法止住伤口出血或准备敷料包扎伤口

的时候使用。施压时间切勿超过 15 分钟。如果施压过久，肢体组织可能因缺氧而损坏，以致不能康复，继而还可能需要截肢。

③ 止血带法。

这种方法适合于四肢伤口大量出血的情况，主要有布止血带绞紧止血、布止血带加垫止血、橡皮止血带止血三种。在使用止血带法止血时，绑扎松紧要适宜，以出血停止、远端不能摸到脉搏为宜。使用止血带的时间越短越好，最长不宜超过 3 小时。在使用止血带的时间内，每隔半小时（冷天）或 1 小时慢慢解开止血带放松一次，每次放松 1～2 分钟，放松时可用手压止血法暂时止血。不到万不得已不要轻易使用止血带，因为止血带能把远端肢体的全部血流阻断，造成组织缺血，时间过长会引起肢体坏死。

（4）对骨折人员的急救。

首先用毛巾或衣服做好衬垫，然后就地取用木棍、木板等材料做成临时夹板，将受伤的肢体固定，最后将伤员送至医院。

对于受伤挤压的肢体，不得按摩、热敷或绑电缆皮，以免加重伤情。

5.3.6 坍塌处置措施

（1）现场应急指挥部的人员首先对事故情况进行初步评估，根据观察到的情况，初步分析事故的范围和扩展的潜在可能性。

（2）在发生基坑坍塌事故后，挖掘被掩埋伤员，使其及时脱离危险区；清除伤员口、鼻内的泥沙、凝血块、呕吐物等；对于昏迷伤员，将其舌拉出以防窒息，针对伤员的伤情采取相应的急救措施。

（3）如果发生脚手架坍塌事故，按预先分工进行抢救，组织所有架子工进行倒塌架子的拆除和拉牢工作，防止其他架子再次倒塌；现场清理由外包队管理者组织有关职工进行，如有人员被砸，应首先清理被砸人员身上的建筑材料，集中人力抢救，最大限度地减少事故损失。

（4）当发生土方坍塌时，现场救护人员应及时挖掘土体，采取措施避免伤及被埋人员；当建筑物整体倒塌，造成严重事故时，应及时联系当地政府组织社会救助力量，对被埋人员进行抢救。

5.3.7 溺水处置措施

（1）从水中救起溺水者。

在确保自身安全的前提下，将溺水者从水中救起，可将周围的环境物体作为辅助工具来抢救溺水者。

（2）进行吐水急救。

在救起溺水者后，应第一时间进行吐水急救：先检查其口腔、鼻腔内有无淤泥和杂物，及时拨打120；然后抢救者右腿膝部跪在地上，左腿膝部屈曲，将溺水者腹部横放在自己左膝上，使溺水者头部下垂，用右手按压溺水者背部，让溺水者充分吐出口腔内、呼吸道内和胃内的水。

（3）进行人工呼吸。

若发现溺水者呼吸停止，在疏通其呼吸通道后，应让其仰卧，保持头部后仰，立即进行人工呼吸。具体方法是抢救者捏住溺水者的鼻子，向溺水者口内吹气，要勤换气，且吹气量要大，每分钟吹15到20次。

（4）进行心肺复苏。

如果溺水者心跳停止，立即让溺水者仰卧，用拳头叩击其心前区1~2次，用力要适当。然后，双手重叠放在溺水者胸骨中下1/3交界处，有规律、不间断地用力按压。在按压时双臂绷直，频率要达到100次/分钟，深度为5厘米（儿童为2~3厘米），直到能够摸到溺水者颈动脉搏动时停止。如果只有一个抢救者做心肺复苏，每按压心脏 30 次，向肺内吹气 2 次，如此循环。经过现场急救后，迅速将溺水者送到附近的医院继续抢救治疗。

5.3.8 其他应急处置措施

其他应急处置措施具体见各相关应急预案。同时应特别注意以下几点。

（1）在事故发生后，应在现场急救的同时拨打 120，或联系离事故发生地点最近的医院，使伤员得到医疗救治。

（2）在转移伤员时应注意：转送是危重伤员经过现场急救后由救护人员安全送往医院的过程，是现场急救过程中的重要环节。因此，必须寻找合适的担架，准备必要的途中急救力量和器材，尽可能调度速度快、震动小的运输工具。同时，应注意各种伤员搬运方式的不同。

① 对于上肢骨折的伤员，在固定伤肢后，可让其自行行走。

② 下肢骨折的伤员用担架抬送。

③ 对于脊柱骨折的伤员，用硬板或其他宽布带将其绑在担架上。

④ 对于昏迷的伤员，可将其头部稍垫高并转向一侧，以免呕吐物进入气管。

5.4 应急结束

在突发事件应急处置工作结束，或者相关危险因素消除后，现场指挥部应认真分析现场情况，确认应急终止条件，上报应急救援领导小组。应急救援领导小组宣布应急终止，并解除警报，通知警戒人员撤离。在涉及周边社区和单位的疏散时，由总指挥或后勤保障组通知周边单位的负责人员或社区负责人解除警报。应急终止的条件如下。

（1）事故已得到控制，没有导致次生、衍生事故的隐患。

（2）没有被困师生，事故现场的师生已被疏散到安全地带。

（3）受伤师生已全部从事故现场救出，并送到医院进行救治，没有失踪的师生（包括参加应急处置的师生）。

6. 信息公开

6.1 信息发布人

学校事故信息经应急总指挥批准后由行政办公室负责上报区教委。

学校对外进行信息发布的人员由学校应急总指挥指定。发布信息责任人要在第一时间发布简要信息，随后发布初步核实的情况、应对措施和防范措施等，并根据事件处置情况做好后续发布工作。在发布信息时要做好舆情控制，防止事态扩大，避免造成不良影响。

6.2 信息发布的原则

在信息发布过程中，发布信息责任人应遵守国家法律法规，坚持实事求是、客观公正、内容翔实、及时准确的原则。对外发布的各种信息要经学校应急总指挥审核同意后，方可对外发布。

6.3 信息发布的形式

信息发布的形式主要包括接受记者采访、举行新闻发布会、向媒体提供新闻稿件等。

7. 后期处置

在应急救援工作结束后，学校应急救援领导小组应及时对事故引起的污染及后果进行处理；对不具备安全条件的教学装置和设施，尽快进行更新维护，直到其达到安全条件。后期处置应符合以下要求：

① 由抢险救援组严格按照有关法律法规进行污染物处理工作，做好环境污染消除工作；

② 由教学教师发展中心主导教学秩序恢复，各部门有计划地组织实施恢复重建工作，必要时由学校协调资源给予支持；

③ 由医疗救护组负责相关人员的医疗救治工作；

④ 由事故调查及善后处置组负责人员安置工作，并联系保险机构，及时做好损失的理赔工作；

⑤ 由应急指挥部做好善后赔偿工作，对突发事件中的受伤师生、从事应急处置工作的师生，以及紧急调集、征用的有关单位及个人的物资，要按照规定给予抚恤、补助或补偿；

⑥ 由应急指挥部对本次救援工作进行评估，明确救援工作中的不足、改进项，制定改进方案并及时进行培训、实施。

8. 保障措施

8.1 通信与信息保障

学校应建立信息通信系统及维护方案，确保应急期间信息通畅。应急指挥部和各专业组成员的联系方式见附件 4，所有应急人员的联系方式必须保证有效。如果联系方式发生变更，相应人员必须在变更后告知应急办公室，应急办公室及时向应急指挥部和各专业组成员发布变更通知。

学校周边单位通信信息及有关政府部门通信信息的收集与更新由行政办公室负责，具体见附件 5。

8.2 应急队伍保障

学校应按照专兼结合、社会参与、协调配合、指挥灵便、反应快速、应急有效的原则，建立应急救援队伍。应急救援队伍包括抢险救援组、医疗救护组、警戒疏散保卫组、后勤保障组和事故调查及善后处置组 5 个专业组，确保专业组队伍的稳定。各专业组每学期应根据人员变化进行组织调整，加强学习和训练，具备相应的应急救援技能，并不断提高应急救援能力。在必要时，各专业组可邀请应急专家进行现场指导。

8.3 物资装备保障

学校应根据应急处置的实际需要，储备足够的应急物资，主要包括报警系统、通信器材、防护用品、消防器材、急救器材、抢险或抢修器材等。应急物资的名称、数量、存放地点、责任人，具体见应急物资清单（附件 6）。应急物资管理责任人应定期检查、保养应急物资，使之处于良好状态。

8.4 其他保障

8.4.1 经费保障

学校应急领导小组对应急专项经费的来源、使用范围、数量进行监督管理，保障在应急状态时应急专项经费的及时到位。

应急专项经费的来源：略。

使用范围：用于事故应急方面的器材维护及购置，应急培训，事故发生后的救护、检测、消毒等善后处理。

预案演练：预案演练费用由学校统筹安排。

8.4.2 交通运输保障

在应急响应时，可利用学校现有的交通资源，必要时请求区教委提供交通支持，保障及时调运应急救援人员、装备和物资。

8.4.3 治安保障

学校设有警戒疏散保卫组，其在事发初期可以进行有效的警戒，维持治安，必要时可请 110 及周围单位进行增援。

8.4.4 技术保障

在应急响应时，学校应及时向区教委申请技术保障支持，明确相关部门、机构、专家人员的联系方式，并及时更新。

8.4.5 医疗保障

医疗保障由学校医务室及就近医院提供。

8.4.6 后勤保障

后勤保障组确保应急物资充足、有效。

9. 应急预案管理

9.1 应急预案培训

学校每学期组织制订学生及教职工应急预案培训计划并开展培训，确保相应师生了解应急预案的内容，熟悉应急职责、应急程序和处置措施等内容；各班级要对学生、各部门要对本部门的教职工进行应急救援安全教育，使之学习应急处置相关知识，预防事故发生；应急预案涉及周边社区和居民的，学校将通过开展宣传教育和告知工作进行信息传递。

9.2 应急预案演练

学校应根据事故风险的特点、不同预案的涉及范围，进行应急预案的演练，其中学生疏散演练部分每月进行一次，其他应急预案每学期至少演练一次。演练根据内容可分为综合演练、单项演练，根据形式可分为现场演练、桌面演练，不同类型的演练可相互组合。

学校应依据相应的应急预案进行演练，在演练结束后对应急预案演练效果进行评估，撰写应急预案演练评估报告，分析存在的问题，并对应急预案提出修订意见。

9.3 应急预案修订

学校的应急预案每三年修订一次，要对预案修订情况做记录，并且归档。当发生下列情形之一时，要对应急预案及时做出修订：

① 学校应急组织及其职责已经调整时；

② 相关的法律法规和标准发生变化时；

③ 学校的应急预案演练评估报告要求修订时；

④ 教委、安监、消防等部门要求修订时。

通过及时的修订、完善，应急预案更具有科学性、指导性、实用性和可操作性。

9.4 应急预案备案

本预案由校长签发后报区教委备案。

9.5 应急预案实施

本预案自××年××月××日实施，由学校办公室负责制定与解释。

10. 附件

附件 1：中职学校应急预案清单（见表 A-1）。

附件 2：学校总平面布置图。

附件 3：应急疏散示意图。

附件 4：应急人员联络方式（见表 A-2）。

附件 5：社会救援机构联系电话（见表 A-3）。

附件 6：应急物资清单（见表 A-4）。

附件1：

表 A-1 中职学校应急预案清单

序号	应急预案名称	编号
一	突发公共事故应急预案	
1	总体预案	
2	学生集体活动安全应急预案	
3	校舍和特种设备突发事故应急预案	
4	校内工程建设突发事故应急预案	
5	校园火灾应急预案	
6	校园侵害事故应急预案	
7	学生拥挤踩踏事故应急预案	
8	学生交通事故应急预案	
9	学生溺水事故应急预案	
10	群体性事件应急预案	
11	突发危险品污染事故应急预案	
12	校园周边突发安全事故应急预案	
二	自然灾害应急预案	
1	校园防震安全应急预案	
2	校园防汛安全应急预案	
3	校园防雷安全应急预案	
4	校园防雨雪、冰冻、泥石流、滑坡等恶劣天气安全应急预案	
三	卫生防疫应急预案	
1	突发传染病应急预案	
2	学生突发疾病应急预案	
3	学生食物中毒与饮用水污染应急预案	
四	日常管理预案	
1	网络安全应急预案	
2	燃气泄漏与煤气中毒应急预案	
3	学生自伤自杀、斗殴、走失应急预案	
4	学生欺凌应急预案	
5	学生体育运动伤害应急预案	
6	考试安全应急预案	
7	停水停电停气应急预案	
8	临时性活动应急预案	
9	家长与学校发生冲突应急预案	
五	其他应急预案	

附件 2: 学校总平面布置图

附件 3: 应急疏散示意图

附件 4：

表 A-2　应急人员联络方式

序号	应急组织机构 组别/职务	姓名	座机	手机	备注

附件 5:

表 A-3 社会救援机构联系电话

序号	类别	社会救援机构名称	地址	联系电话	备注

附件 6：

表 A-4　应急物资清单

序号	应急物资名称	存放地点	规格	数量	负责人	备注

附录 B 中职学校安全隐患排查台账样例

《中职学校消防安全隐患排查台账》（见表 B-1）

《中职学校交通安全隐患排查台账》（见表 B-2）

《中职学校治安安全隐患排查台账》（见表 B-3）

《中职学校食品安全隐患排查台账》（见表 B-4）

《中职学校重点部位安全隐患排查台账》（见表 B-5）

表 B-1　中职学校消防安全隐患排查台账

排查时间：

排查事项	隐患问题描述	隐患数量	整改措施	整改时限	复查结果
消防安全管理					
安全疏散					
建筑材料消防隐患					
消防设施、器材					
电器设备、电动车					
燃气					
食堂					
宿舍					
其他消防隐患					

整改负责人（签字）：

整改完成时间：

表 B-2　中职学校交通安全隐患排查台账

排查时间：

排查事项	隐患问题描述	隐患数量	整改措施	整改时限	复查结果
校园出入口					
校内外公路					
校内外自行车道					
校内外停车场					
过街设施、人行道					
师生交通工具					
校车、公车					
接送学生管理					
其他交通隐患					

整改负责人（签字）：

整改完成时间：

表 B-3　中职学校治安安全隐患排查台账　　　　排查时间：

排查事项	隐患问题描述	隐患数量	整改措施	整改时限	复查结果
校园周边治安					
校内外重点人员					
第三方派遣人员					
师生矛盾纠纷					
学生关系调查					
教职工、学生宿舍					
重点时段、特殊时期					
门卫值班管理					
其他治安隐患					

整改负责人（签字）：

整改完成时间：

表 B-4　中职学校食品安全隐患排查台账

排查时间：

排查事项	隐患问题描述	隐患数量	整改措施	整改时限	复查结果
食堂管理制度					
资质情况					
食堂环境					
从业人员健康管理					
进出库管理					
清洗消毒					
食品加工制作管理					
食品添加剂					
其他食品隐患					

整改负责人（签字）：

整改完成时间：

表 B-5　中职学校重点部位安全隐患排查台账

排查时间：

排查事项	隐患问题描述	隐患数量	整改措施	整改时限	复查结果
实训（实验）室					
图书馆					
大型集会场所					
计算机等功能教室					
电、气、水、热设备间					
学生宿舍					
地下空间					
（临时）施工场所					
其他重点部位					
整改负责人（签字）：　　　　整改完成时间：					